El dormitorio perfecto /

El dormitorio perfecto /

D0604451

EL PERFECTO DORMITORIO

LIBSA

CONTENIDOS

© 1999, Editorial LIBSA
San Rafael, 4
28108. Alcobendas. Madrid
Tel. (34) 91 657 25 80
Fax (34) 91 657 25 83

e-mail: libsa@libsa.redestb.es

Traducción: Blanca del Cerro

© Eaglemoss Publications Ltd.

Título original: *Designing and Planning Bedrooms*

ISBN: 84-7630-763-2
Depósito legal: B-40.140-1998

Impreso en España/*Printed in Spain*

INTRODUCCIÓN

En los pisos de pequeñas dimensiones que se construyen actualmente, es preciso planificar con mucha atención el dormitorio para que éste sea algo más que un lugar donde dormir. Dado que esta habitación con frecuencia hace también las veces de zona de almacenamiento, de ocio y de estudio, la consecución de dichos objetivos puede resultar una ardua labor, especialmente si se cuenta con un presupuesto limitado.

Este libro presenta numerosas fotografías en color de dormitorios en todos los estilos imaginables. Empieza con un capítulo dedicado a la planificación básica de un dormitorio; en él se analizan las diferentes consideraciones a tomar en cuenta para que dicha habitación sea un lugar cómodo y agradable, adecuado para el tipo de persona a la que estará destinado.

En las páginas siguientes se analizan diversos aspectos que se deben tener en cuenta a la hora de decorar un dormitorio como son la importancia de la luz o una acertada elección de los muebles,

Este libro es una fuente de inspiración para cualquier persona que sueñe con el dormitorio perfecto pero no sepa cómo conseguirlo.

Planifica tu dormitorio

Planificando el dormitorio sacaremos el máximo partido de lo que suele ser un espacio más bien pequeño; con un almacenamiento inteligente, la rutina diaria quedará simplificada, y prestando atención a la decoración crearemos un dormitorio elegante y acogedor.

Qué tipo de dormitorio. Para algunos, el dormitorio es exclusivamente un lugar donde dormir. Para otros, un sitio en el que relajarse, leer, escuchar música o ver la televisión. En determinados hogares, el dormitorio puede ser la única zona en la que es posible dedicarse a actividades tranquilas, como coser, estudiar o escribir cartas.

El primer paso a seguir para planificar un dormitorio es elegir la habitación más adecuada. En términos generales, los dormitorios suelen estar próximos al cuarto de baño y alejados de la zona de convivencia, pero si la disposición de tu casa es distinta, existen otras alternativas. Por ejemplo, si te gusta dormir hasta tarde, no elijas una habitación que dé a la calle o en la que entre demasiada luz por la mañana. Si lo único que deseas es dormir ocho horas, escoger la mayor habitación supondría un desperdicio de espacio. Lo más adecuado sería destinar la habitación más amplia a los niños, con espacio suficiente para guardar los juguetes y colocar mesas de estudio, liberándolos así de la presión del resto de la casa.

Armario independiente o empotrado. La disposición del dormitorio dependerá básicamente de la forma en que abordes el problema del almacenamiento. Los armarios, ya sean independientes o empotrados, reducen espacio, pero puedes adaptarlos exactamente a tus necesidades. Los muebles tradicionalmente utilizados para guardar objetos personales, como son una cómoda, un armario, un tocador y una coqueta, pueden crear espacios muertos, aunque por sí resultan atractivos.

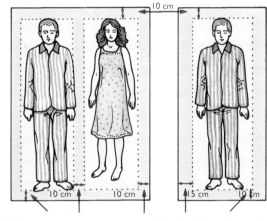

Espacio en el dormitorio
Izquierda: en torno a la cama debe quedar de 75 cm para cambiar las sábanas, moverse y limpiar. Adapta ruedas a la cama si está adosada a la pared. La distancia entre dos camas individuales será un poco menor. Centro y derecha: distancias mínimas en torno a dos personas que comparten una cama de matrimonio y entre ellas, y en torno a una persona que duerme en una cama individual.

TRAZAR UN PLAN

Para empezar, traza un diagrama del dormitorio en papel cuadriculado, señalando todos los elementos existentes, es decir, ventanas, puertas, nichos, radiadores y armarios. Incluye además la posición de todos los puntos eléctricos, como tomas de teléfono y televisión, enchufes e interruptores. Siempre a la misma escala, dibuja en una hoja de papel aparte las formas de los muebles que ya poseas o que pretendas adquirir, córtalas y sitúalas sobre el plano hasta encontrar la colocación más apropiada.

Los dormitorios no son lugares de paso, pero el acceso a los mismos es un punto importante. En torno a las camas debe haber espacio suficiente para moverse y cambiar las sábanas. En caso contrario, existe la alternativa de incorporar ruedecillas para facilitar su desplazamiento. Asegúrate de que haya espacio suficiente para abrir las puertas o los cajones de un armario o un aparador, y que la zona entre la cama y la puerta esté despejada.

Toma nota de todos los aspectos que podrías cambiar para aumentar el espacio. Tal vez desees descolgar y colgar de nuevo una puerta para incrementar el espacio, desplazar un radiador o incorporar otro interruptor u otra toma.

ILUMINACIÓN

En la planificación del dormitorio, no olvides la iluminación. La iluminación general del techo es flexible, siempre y cuando esté controlada por un interruptor, a poder ser situado en la puerta y en la cama.

Además de ésta, necesitarás luces de trabajo. Para un lugar de estudio o entretenimiento, es fundamental un foco o una luz de mesa. Si el armario es profundo, incorpora una luz en su interior con un pequeño interruptor en la jamba de la puerta (como vemos en las neveras).

Iluminación del espejo. El espejo de una coqueta iluminado por un par de lámparas altas tipo candelabro o una fila de bombillas a cada lado al estilo de Hollywood, como vemos a la derecha, arroja una luz uniforme y sin sombras ideal para maquillarse.

En cuanto a un espejo de cuerpo entero, lo mejor es una bombilla en la parte superior que arroje luz suficiente para iluminarte de la cabeza a los pies sin proyectar sombras, en especial si te vistes con luz artificial; el reflejo de los tubos fluorescentes equilibrados a ambos lados del espejo tiene mayor similitud con el de la luz del día.

Iluminación a los lados de la cama. La luz de las mesillas de noche debe ser ajustable para que arroje un haz de luz directa sobre un libro sin proyectar sombras en los ojos. En una cama de matrimonio, lo mejor son dos lamparitas, de manera que una persona pueda leer con luz directa si la otra desea dormir.

SOLUCIONES PARA EL ALMACENAMIENTO DE OBJETOS PERSONALES

Pese al tamaño normalmente reducido de los dormitorios, las demandas de almacenamiento suelen ser grandes. Si no quieres desaparecer bajo montones de cosas, tendrás que tener en cuenta cada centímetro.

Empieza confeccionando una lista detallada y específica de lo que necesitas guardar:

☐ ropa de verano y de invierno
☐ trajes de noche
☐ ropa de sport
☐ maletas y bolsos
☐ ropa de cama y mantas
☐ ropa sucia
☐ zapatos y sombreros
☐ cosméticos y joyas
☐ libros
☐ ropa para hacer ejercicio o deporte
☐ objetos relacionados con actividades específicas, como la costura

Una vez confeccionada la lista, procura que haya un sitio para todos y cada uno de los objetos. Por ejemplo, puedes colocar las maletas en el desván, la ropa de cama en un armario destinado a tal efecto, el cesto de la ropa sucia en el cuarto de baño. Puedes guardar aparte la ropa de invierno durante el verano y viceversa. Considera la idea de incorporar armarios y estanterías en el trastero o en parte del pasillo para guardar los objetos restantes.

Ya sea en un armario empotrado o tradicional, son muchas las ideas existentes para ahorrar espacio.

Colgar las corbatas, los cinturones y los collares en una barra colocada en el fondo o en las puertas del armario.

Guardar los zapatos, tirantes y calcetines en cestos de rejilla uno encima de otro o en zapateros.

Las mantas y la ropa blanca pueden introducirse en una otomana o en cajones a los pies de la cama.

Una tabla laminada puede servir como superficie de trabajo y como aparador.

Poner una segunda barra hacia la mitad del armario para colgar chaquetas, faldas y camisas.

Procurar que los armarios empotrados lleguen hasta el techo para utilizar toda la pared.

Tapar las estanterías o los armarios con persianas enrollables, lo que ahorrará espacio.

Si no hay espacio suficiente para poner un armario, utilizar una barra para colgar vestidos, pero guardando la ropa en bolsas para protegerla del polvo y la decoloración

Ante todo, no escatimes espacio procurando que haya el suficiente para que las prendas no queden apiñadas en el armario, de manera que el hecho de vestirte no se convierta en una penosa labor. Un armario debe adaptarse a una serie de necesidades específicas: los vestidos de noche son unos 45/50 cm más largos que los demás y los objetos pequeños se pierden en los cajones.

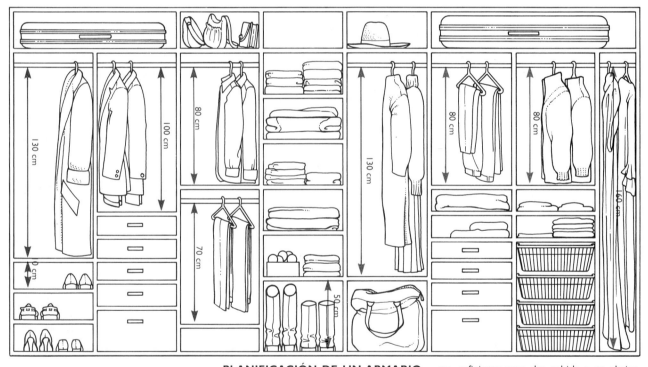

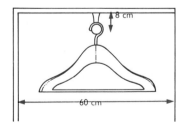

PLANIFICACIÓN DE UN ARMARIO

El tamaño de las personas varía, también el de las prendas. Las medidas que presentamos en este dibujo son las correspondientes a un hombre y a una mujer adultos de tamaño medio que comparten un armario.

La altura total del mismo variará dependiendo de la altura de la habitación. La profundidad aproximada debe ser de unos 60 cm, suficiente para dar cabida a un abrigo grueso en una percha grande. La barra principal ha de estar situada ligeramente por encima de los ojos, a unos 180 cm, de forma que quede una holgura de unos 6 cm hasta la parte superior para poder colgar y descolgar las perchas. Dado que las prendas de vestir pesan, las barras largas deberán estar apoyadas sobre resistentes abrazaderas.

EL ESTILO DEL DORMITORIO

El dormitorio es el lugar donde empiezas y terminas el día, por lo que debe estar amueblado y decorado de manera que el entorno resulte tranquilo y confortable para que puedas levantarte con el pie derecho.

La sensación de tranquilidad se consigue evitando combinaciones de colores chillones y acumulación de dibujos. La sencillez se logra con tonos pastel y dibujos pequeños. La sensación de espacio aumentará combinando los colores y estampados de la ropa de cama, las cortinas o persianas y los aca-bados de las paredes. La luz natural aumentará con espejos, creando la ilusión de profundidad.

No olvides tu toque personal. Un sillón, o incluso un sofá, crearán sensación de comodidad. Las flores frescas y los objetos decorativos ponen un toque de color.

Almacenamiento en el dormitorio principal

El dormitorio principal, sea cual sea su tamaño, debe ser un lugar de reposo en comparación con las ajetreadas actividades del resto de la casa, pero si se encuentra abarrotado de ropa, zapatos, revistas, joyas, ropa deportiva, objetos de tocador y otros trastos carentes de hogar, jamás se asemejará a un tranquilo retiro.

Generalmente la forma de crear sensación de espacio y garantizar que todos los objetos personales pertenecientes al dormitorio queden ocultos a la vista es hacer una perfecta planificación para su almacenamiento. Si tú estás dispuesto a hacer una buena planificación en el dormitorio, descubrirás que incluso queda sitio para un televisor, pudiendo ver el programa que desees, para variar, ¡un verdadero lujo!

ATENCIÓN A LOS MUEBLES

Adapta los muebles del dormitorio para ti. Si, tras decidir dónde colocar la cama y el tocador, te queda una pared vacía sin puertas ni ventanas, podrás disponer una serie de armarios hasta el techo que ocupen toda la pared, con espacio suficiente para guardar ropa, zapatos y, posiblemente, el resto de tus pertenencias.

Caben más cosas en los armarios y los tocadores empotrados que en los tradicionales pero, si tienes la idea de mudarte relativamente pronto, la primera opción puede ser más adecuada.

Las cómodas espaciosas, los canapés con cajones y las mesitas de noche con pequeños armarios incorporados, ofrecen un espacio adicional de gran importancia.

Una cómoda baja o un cofre a los pies de la cama son lugares de almacenamiento adicional que no ocupan mucho espacio.

Saca todo el partido a cada centímetro del interior de los armarios. Dado que no es probable que necesites todo el espacio destinado a colgar la ropa, considera la posibilidad de añadir una barra baja en una sección para las camisas y estantes para los zapatos. Y añade cajones, estanterías, o estantes de rejilla —incluso tal vez un cesto para la ropa sucia— en los armarios. Guarda las maletas y la ropa de verano o invierno en los maleteros.

Elegancia clásica
Los armarios empotrados presentan un aspecto menos agobiante cuando la línea de los mismos queda interrumpida con una cama o un tocador. En este caso, los armarios dobles de color hueso, con aspecto de época, están coronados por una fila de alacenas altas que conforman un nicho para la cama. En el cabecero empotrado vemos un estante para colocar lámparas, libros, fotografías y adornos. Un tocador con un cajón a juego ofrece espacio para guardar objetos pequeños.

EL ESPACIO: UN VALOR MUY SOLICITADO

En una habitación pequeña, el espacio tiene un valor superior al normal, tanto en lo que se refiere al almacenamiento como al suelo. La mejor solución es la que parezca buena, funcione bien y con la que puedas relajarte.

Antes de lanzarte a comprar muebles nuevos, elabora un presupuesto. No hay razón para gastarse una fortuna en todos y cada uno de los detalles de un dormitorio si tienes la intención de mudarte en un par de años. Recuerda que este tipo de mejoras no siempre han de añadir un valor absoluto a tus pertenencias.

Sea cual sea el tipo de muebles que elijas, haz una detallada planificación para llegar a conseguir la mejor combinación de espacio para objetos colgados y colocados en estanterías.

Un punto igualmente importante es que el estilo del lugar de almacenamiento esté en consonancia con el carácter de la habitación propiamente dicha. Piensa en el diseño, el acabado y el color, sin olvidar los toques finales —como pomos y tiradores— que pueden afectar a su aspecto definitivo.

Cuando el edificio sea antiguo, es posible que el dormitorio conserve muchas de sus características originales. Si las molduras del techo se encuentran en buenas condiciones, sería una pena cubrirlas con armarios. Por supuesto, cabe la posibilidad de que tengas que hacerlo, en cuyo caso, el dormitorio conservará su carácter si las puertas del armario hacen juego con dichas características.

Desde luego, no hay por qué guardar los objetos únicamente en armarios. Pueden existir rincones extraños para colocar cajones o estanterías adicionales.

A veces nos olvidamos del hueco que queda bajo la cama: piensa en un canapé con cajones, o en cajones independientes que puedes colocar debajo para guardar mantas, o la ropa de verano o invierno, que ocupa mucho sitio en un armario.

Muebles independientes. Es la opción más flexible. La ventaja es que puedes trasladar las cosas si quieres hacer algún cambio. Y, por supuesto, puedes llevarte todo cuando te mudes. La desventaja de los muebles independientes es que ocupan más sitio que los empotrados.

Los muebles independientes confieren al dormitorio sensación de unidad. Por ejemplo, elige piezas de segunda mano fabricadas con el mismo tipo de madera, o elementos de una de las muchas gamas de modernos muebles de almacenamiento para dormitorios cuya mezcla combina perfectamente.

Si te encuentras con una mezcolanza de muebles, píntalos del mismo color y conseguirás un aspecto unificado.

Muebles empotrados. Para que el dormitorio adquiera un aspecto ordenado, con mucho sitio para guardar objetos y ocupando un espacio mínimo, los armarios empotrados de pared a pared son inigualables.

Desde estantes y barras de sencilla disposición hasta versátiles unidades modulares y sofisticadísimos sistemas de estanterías, cajones, barras y compartimientos, hay una gran variedad de estilos para los armarios empotrados.

Son numerosos los sistemas de fabricación a medida, o puedes comprar puertas y barras en una tienda de bricolaje y colocarlas tú mismo. Como alternativa, llama a un carpintero para que construya los armarios, siendo ésta una solución especialmente adecuada en una habitación irregular.

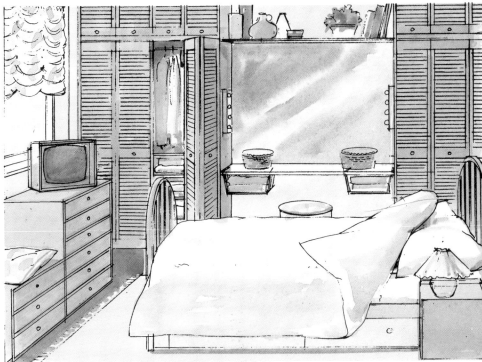

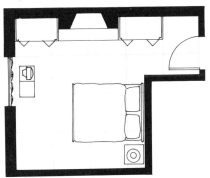

Escala: I cuadrado = I metro

◁ **Sencillez rústica**

Hemos elegido la madera natural para los muebles independientes de este atractivo dormitorio, una buena elección para la chimenea de pino. El armario tiene una zona de almacenamiento oculta en la base. Vemos una cómoda para guardar ropa, con espacio para un espejo, una lámpara y cuadros en la parte superior, quedando mucho sitio para guardar los objetos de tocador en la mesa con dos cajones.

△ **Empotrado**

En una disposición alternativa, en los huecos del antepecho de la chimenea se han empotrado armarios con puertas plegables de tablillas de doble hoja. Estos entrepaños plegables se deslizan sobre rieles y sólo miden 30 cm de ancho, una medida ideal ante la escasez de espacio en el suelo. Las tablillas de pino sirven para conferir textura e interrumpir la acumulación de madera.

Los armarios han de tener 60 cm de fondo, más que los huecos, para poder colocar un tocador entre ellos. A ambos lados vemos bandejas de rejilla para colocar objetos de tocador, y las bombillas al estilo de los camerinos de teatro ofrecen una luz perfecta para maquillarse.

Observa cómo la línea de la moldura próxima al techo continúa por la parte delantera de los elementos. Encima de la moldura vemos las alacenas superiores, con las mismas puertas de tablillas, donde pueden guardarse objetos de poco uso o ropa de verano o invierno.

LA IDEA LUMINOSA

Una cajita en la pared, disimulada como si de un enchufe se tratara, es un ingenioso lugar para ocultar joyas, documentos u otros objetos de valor. Empotrada en el zócalo —o en cualquier otro sitio donde pueda adaptarse una toma de corriente— la caja de acero queda oculta tras un falso enchufe, abriéndose y cerrándose por una de las «clavijas». Para su instalación, sigue las instrucciones del fabricante.

9

CONFUNDIR LOS LÍMITES

Si el dormitorio principal es pequeño, lo más inadecuado es robar más espacio al suelo con armarios grandes, pero puedes conseguir lo mejor de ambos conceptos —mucho sitio para guardar cosas y, al mismo tiempo, crear la ilusión de espacio— mediante combinaciones de colores apropiadas y espejos.

El uso del color. Como regla empírica, cuanto más pálidos sean los colores, mayor será el efecto de espacio. Asimismo debes evitar el exceso de colores y los estampados grandes.

Si te decides por los armarios empotrados, elige una madera clara, nunca oscura, ya que de lo contrario la superficie oscura de las puertas predominará sobre el resto de la habitación. Y recuerda que las puertas con tablillas confieren una sensación de mayor ligereza que las puertas macizas.

Otra solución es pintar las puertas de modo que los armarios combinen con la decoración, o cubrirlas con papel pintado a juego con el resto del dormitorio, pegándolo con una capa protectora de barniz transparente.

El efecto de los espejos. Los espejos incrementan la sensación de espacio. Una superficie con espejos no sólo ofrece la posibilidad de contar con un espejo ante el que vestirse sino que, colocados delante o junto a una ventana, incrementan la luz de la habitación.

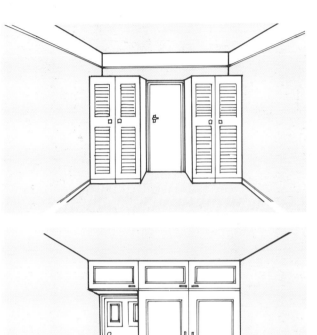

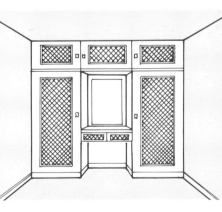

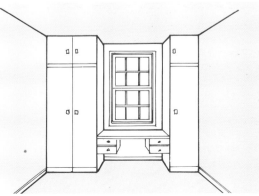

◁ **Espacio en blanco**

Los armarios con espejos y una combinación de colores en blanco hacen que este pequeño dormitorio parezca espacioso y alegre. Pese a no verse en la foto, las cortinas son festoneadas para aprovechar la luz al máximo. Las superficies continuas —no diversos muebles independientes— confieren una línea aerodinámica a los objetos. La cómoda queda adaptada bajo el nicho de la ventana y el tablero continúa hasta el lateral de la cama, incorporando una estantería.

▷ **Ideas para ahorrar espacio.** De arriba abajo:

☐ Los armarios altos, situados a ambos lados de la puerta, son perfectos y no molestan.

☐ En esta habitación la puerta se encuentra en un lateral, por lo que una buena elección es un armario ancho con alacenas en la parte superior y un elemento adicional sobre la puerta.

☐ Disposición de armarios y alacenas con un tocador y un espejo en el centro.

☐ Armarios y tocador en una pared con ventana; colocando espejos en los laterales de los armarios, la ventana parecerá mayor y dará más luz.

△ Tirar hacia arriba

Cuando el espacio es muy reducido, las puertas suponen un estorbo. En una pared corta, una solución perfecta son las persianas venecianas, tras las cuales encontramos barras para colgar, estanterías, cajones y bandejas de rejilla a las que puedes incorporar ruedas. Otras alternativas más económicas son las persianas de papel plisado o los rollos de pinoleum, en tanto que si deseas un aspecto más sosegado, cuelga unas cortinas de una barra en el techo.

LA IDEA LUMINOSA

Una barra en espiral, como las que se utilizan en las tiendas para colgar ropa, es un buen sistema para colocar camisas, vestidos, chaquetas y pantalones en un espacio limitado.

La versión en espiral ocupará mucho menos sitio que las barras rectas. Tiene 2 m de altura, pero tan sólo 60 cm de diámetro y caben 60 prendas de distinta longitud.

No es un objeto que se pueda comprar en cualquier tienda. Mira las Páginas Amarillas en la sección de Artículos para el hogar.

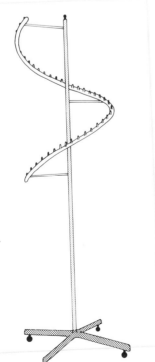

△ Espacio para cajones

Es posible que no haya espacio para colocar una cómoda contra la pared, ya sea por la presencia de un radiador o una puerta, o sencillamente porque necesitas muchos cajones. Una cómoda baja a los pies de la cama, como si de una otomana se tratara, ofrece mucho espacio para la ropa, pudiendo servir de asiento o de mesa para la televisión.

Iluminación del dormitorio

La iluminación del dormitorio debe adaptarse de manera que una buena iluminación general combine con una luz ambiental, brillante y más suave, para crear un entorno agradable.

Principios generales. Al menos una luz debe encenderse desde la puerta para no tener que ir dando tumbos por una habitación a oscuras, y mucho mejor si la iluminación general puede controlarse también desde la cama.

Seas o no un ávido lector nocturno, necesitas una buena iluminación a los lados de la cama. Si tienes que levantarte por la noche, es más adecuado y menos molesto encender una lámpara en una mesita de noche que la luz principal, especialmente si compartes el dormitorio con otra persona.

Los interruptores de intensidad graduable son muy convenientes para la iluminación del dormitorio, ya que puedes variar la intensidad luminosa a tu gusto.

Leer en la cama
El arco luminoso que forma una lámpara de noche depende de la altura de la base de la lámpara y del lugar sobre el que se coloca. Abajo, una lámpara pequeña sobre una mesa alta ofrece suficiente luz para leer cómodamente en la cama. Arriba, si la mesa es más baja, hará falta una lámpara más alta para que la lectura sea confortable.

SELECCIÓN DE ACCESORIOS ELÉCTRICOS

La mayoría de los accesorios eléctricos son perfectamente adaptables a un dormitorio y su elección depende de tu gusto y de tus necesidades.

Una lámpara colgada en el centro puede proporcionar una iluminación general, pero muy inflexible. Sin embargo, las sombras son un problema; si te desnudas entre la luz y unas cortinas o unas persianas poco tupidas, ¡tus vecinos pueden disfrutar de un magnífico espectáculo!

Los apliques estratégicamente colocados por todo el dormitorio crean cálidas zonas de luz. Puedes poner dos a los lados de la cama, lo que conferirá unidad al conjunto de la iluminación.

Luces empotrables. Las luces empotrables ofrecen una buena iluminación, aunque pueden surgir problemas de brillos; al tumbarnos en la cama, los ojos tienden a mirar hacia el techo. La solución es comprar luces empotrables con rejilla o ajustables; estas últimas pueden dirigirse hacia las paredes para iluminar cuadros u objetos en las estanterías, o hacia los armarios o las cómodas. También puede hacerse con focos instalados en las paredes.

▽ Plegable

Este aplique con brazo extensible es lo clásico para un dormitorio de época o para una habitación más adaptada al gusto de cada cual. Es una opción para colocar a los lados de la cama, ya que puede extenderse para leer o quedar plegado contra la pared.

△ Lámpara clásica

Los apliques son una solución muy adecuada a los problemas de espacio en un dormitorio pequeño, y existen múltiples estilos entre los que elegir. El diseño de este aplique está basado en las antiguas lámparas de gas con brazo.

▽ Disposición flexible

Las luces empotrables son un discreto complemento en la decoración. Las luces del techo y las dos situadas sobre el cabecero tienen conexiones independientes, pudiendo variar su intensidad luminosa gracias a los interruptores de intensidad graduable.

△ **Lámparas normales**
Si no hay bastante espacio para una mesilla de noche, una alternativa práctica es una lámpara normal. La luz es suficiente gracias a su altura.

LA IDEA LUMINOSA

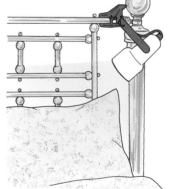

Foco con pinza. La forma más sencilla de iluminar el lateral de la cama es enganchar un foco con pinza al cabecero. Para evitar que la pinza estropee el cabecero debes colocar un trozo de espuma entre medias.

ILUMINACIÓN DE LA CAMA

Una buena opción son lámparas sobre las mesitas a juego con el dormitorio. Si pretendes utilizarlas como lámparas de lectura, es preciso que las bases sean grandes de manera que el libro quede bien iluminado.

Sin embargo, si la mesilla es pequeña a veces no hay espacio suficiente para que todo quede ordenado. Una solución son apliques o lámparas colgadas sobre las mesillas de noche.

△ **Doble dirección**
Si tienes espacio para unas mesillas de noche grandes, puedes optar por lámparas de envergadura con grandes sombras. A través de las sombras opacas se difunde poca luz pero, debido a la altura y la anchura de la abertura inferior, ofrecen una excelente iluminación. La pared queda iluminada por la abertura superior.

▷ **Lámpara de trabajo versátil**
Las líneas de esta lámpara de trabajo ajustable se adaptan a este moderno interior. Es un tipo de lámpara muy práctico. Gracias a sus articulaciones —basadas en las del brazo humano— puede adoptar distintas posiciones. Puede colocarse y ajustarse sobre la cama. También es posible girar el foco para conseguir una iluminación indirecta.

Los muebles del dormitorio

Si el dormitorio se utilizase únicamente para dormir, sería la habitación más sencilla de amueblar, ya que sólo haría falta una cama en condiciones. Pero es también el lugar donde guardamos la ropa y los efectos personales, donde nos vestimos y nos arreglamos, donde a veces desayunamos por la mañana, y donde leemos o vemos la televisión por la noche. Y aún más, a menudo hace las veces de estudio o de sala de trabajo, de zona de juego para los niños y, en pisos pequeños tipo «estudio», también de salón.

Unos muebles que desempeñen tan variadas funciones deben ser flexibles: en un dormitorio/estudio, por ejemplo, un aparador con cajones y un espejo encima podría ser de mayor utilidad que un tocador. Las personas que desayunan, escriben, o ven la televisión en el dormitorio, necesitan una mesa adicional. Un buen almacenamiento es siempre un punto básico, sin olvidar el espacio necesario para las prendas fuera de temporada, las mantas y la ropa blanca, así como los libros, los discos y otros objetos varios. También debe haber sitio para objetos como una radio, una lámpara de lectura, un despertador, artículos de tocador, etc., que están a la vista.

Si empiezas desde el principio, tienes libertad para elegir muebles empotrados o independientes. Los primeros —que pueden adaptarse en esquinas o ángulos extraños— normalmente son una buena compra para dormitorios pequeños y de formas irregulares. En dormitorios mayores o más regulares, se puede aprovechar la flexibilidad que ofrecen los muebles independientes. La combinación de las dos opciones te ofrecerá lo mejor de ambas, en especial si ya cuentas con elementos para incorporar.

Antes de realizar ninguna compra, date una vuelta por las tiendas buscando tamaños y formas que se adapten a tu dormitorio, y colores y acabados que complementen el aspecto que deseas conseguir: pino rayado o barnizado para un dormitorio rústico, caoba pulida para una gran casa victoriana, melamina blanca o fresno pálido para habitaciones masculinas y madera de color pastel para conferir un aire romántico y femenino.

Elegancia empotrada
Los modernos armarios empotrados en color blanco liso con ribete dorado combinan perfectamente con un cabecero de cobre amarillo de estilo antiguo.

CAMAS Y ASIENTOS

Las camas son por naturaleza objetos voluminosos y visibles. No hay forma de evitar que la cama domine el dormitorio, especialmente cuando es de matrimonio y necesita espacio a ambos lados para la entrada y salida de sus ocupantes.

El tipo que elijas depende del estilo y uso de la habitación: un sencillo diván para un interior moderno, un cabecero de cobre amarillo o de madera en una casa de época, literas para los niños, un sofá-cama para los invitados.

Es posible añadir un práctico cabecero a buen precio. Puedes confeccionar un par de cojines de espuma y colocarlos en una barra o una «manga» de tela acolchada que cubra un viejo cabecero de madera a juego con la decoración. La compra de una cama con cabecero facilita la combinación del estilo; puedes elegir desde cabeceros clásicos tapizados hasta de pino estilo rústico, de mimbre natural o pintado, de acero tubular o laminados lisos.

Asientos. Lo mínimo necesario es un taburete o una silla para el tocador y tal vez una pequeña «silla de dama» con el respaldo abotonado sobre la que depositar la ropa por la noche. Un sofá o un sillón pequeño convertirá un dormitorio grande en un refugio para pasar momentos tranquilos lejos de la familia.

△ **Un estilo imponente**
Los muebles de madera tallada conforman este dormitorio de época imitando las vigas del techo. Las dos lámparas sobre las mesillas permiten a uno de los ocupantes leer mientras el otro duerme, y la barra antigua es útil y decorativa.

◁ *Una mesilla de noche práctica debe tener espaciosos cajones o estantes, así como una amplia superficie. Una barandilla impide la caída de objetos y en la bandeja extraíble puede colocarse el desayuno por la mañana. Una mesilla de noche forma parte del cabecero, en tanto que una tabla alta adicional facilita la lectura en la cama.*

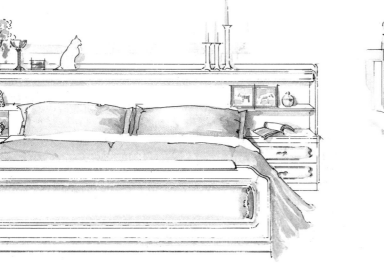

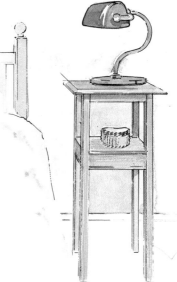

◁ Una buena mezcla

Una ventaja de los muebles independientes es que cabe la posibilidad de combinar diversos estilos y materiales. Aquí vemos un armario y una cómoda de pino que combinan con un moderno y colorido taburete cilíndrico, un cabecero y unas mesillas de noche blancas, y una mesa baja de estilo antiguo para colocar macetas.

▽ Un diseño atrevido

Un armario empotrado en un nicho hace perfecto uso del espacio, en tanto que el arcón sirve de lugar de almacenamiento y de asiento. Los colores chillones de la colcha se repiten en la moqueta y en la persiana.

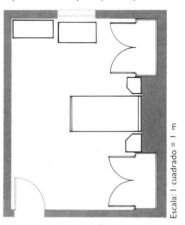

Escala: 1 cuadrado = 1 m

ARMARIOS Y ALMACENAMIENTO

Si te decides por los armarios empotrados y tienes espacio, puedes llenar la habitación de muebles adicionales de manera que el tocador y la cama formen parte del diseño. En un cerco en torno a la cama puede ir incorporado el cabecero y las mesillas, con armarios altos por encima para guardar objetos.

En los armarios independientes hay menos espacio de almacenamiento, pero puede ser mejor opción en una casa antigua con molduras originales, que quedarían ocultas por los muebles empotrados. Dada la creciente popularidad adquirida por los muebles empotrados, hay numerosas gangas de segunda mano; las tiendas de objetos de mimbre y los anuncios de la prensa son buenas fuentes para buscar armarios que sólo requieren un lavado de cara, un poco de barniz o una capa de pintura. Busca también puertas antiguas que un carpintero podrá aprovechar para construir un armario en un nicho.

Un elemento tradicional de almacenamiento —como una otomana o un baúl— es una opción adecuada para guardar vestidos o ropa blanca. Situado a los pies de la cama, puede utilizarse para colocar una televisión o una bandeja de té.

△ *Alegre y ligero*
Este dormitorio relativamente pequeño parece espacioso gracias al diseño limpio y ligero de estos muebles empotrados, donde al mismo tiempo existen gran cantidad de zonas de almacenamiento.

La línea de los armarios y los cajones bajos continúa alrededor de la cama en un único estante, con luces integrales laterales. Pese a ser muebles independientes, la mesilla de noche al ras de la cama y la cama propiamente dicha parecen formar un conjunto.

▷ *Nicho para la cama*
Gracias a los muebles empotrados, en este dormitorio se ha podido crear una pared completa de armarios, con una combinación independiente de zonas «para él» y «para ella» en torno a la cama. Los armarios altos rodean la cama ofreciendo almacenamiento adicional para ropa fuera de temporada y objetos de poco uso.

Tocadores

pendiente o colocarse entre otros elementos, confiriendo a todo el dormitorio sensación de coordinación.

Un aparador independiente —ya sea moderno o antiguo— puede hacer también las veces de tocador con un espejo encima. El único inconveniente es que, si no existe hueco para las rodillas, resulta un tanto incómodo sentarse para mirarse al espejo. Elige un tocador lo bastante alto como para poder utilizar el espejo estando de pie.

Un tocador puede ser lugar práctico para maquillarse, peinarse y guardar cosméticos, joyas, secadores, pinzas calientes y objetos similares.

Por otra parte, un tocador puede ser algo más frívolo. A modo de lugar de exposición de frascos de perfume y elegantes cepillos, la mesa propiamente dicha puede añadir ambiente y carácter a un dormitorio.

Una buena idea es empezar preguntándote por qué quieres un tocador y el estilo que deseas, y a continuación buscar uno entre los muchos tipos existentes que se adapte a tu gusto, a tu estilo de vida y a tu dormitorio.

Elegir el estilo. El tradicional tocador en forma de riñón, a veces con una falda de tela adornada con volantes, es elegante y práctico, en el cual puede ocultarse una silla gracias a su forma curvada; en ocasiones la tela de la falda está dividida en el centro para acceder a los cajones.

En muchos conjuntos de dormitorios está incluido el tocador, que puede ser inde-

Resplandor romántico

Este tocador con falda larga está cubierto con la misma tela de guingán utilizada en el tapizado de los muebles.

Un par de lámparas altas iluminan la estancia, la falda puede retirarse para acceder a los cajones y el tablero está protegido por un cristal. El resultado es un lugar práctico para maquillarse que combina con el delicado ambiente del dormitorio

ILUMINACIÓN

Es difícil iluminar un tocador y un espejo. Dado que la luz del día es más adecuada para maquillarse, mucha gente coloca los tocadores junto a una ventana.

Un único tubo fluorescente encima del tocador produce sombras, por lo que es mejor poner dos, uno a cada lado del espejo. Elige fluorescentes «de color corregido».

La iluminación estilo Hollywood, con bombillas alrededor del espejo, emite una luz clara y potente.

El espejo debe estar lo bastante cerca como para que una persona se sienta cómoda, siendo de utilidad un pequeño espejo adicional incorporado con brazo extensible.

De acuerdo con los expertos, consideran que la mejor forma de maquillarse los ojos es mirando hacia abajo en un espejo de mano sobre una superficie totalmente plana.

ALMACENAMIENTO

Un buen número de cajones y otro de estantes impedirán que el tocador degenere en un gran almacén de trastos. Un cubertero mantendrá los cosméticos muy ordenados.

Si vas a utilizar aparatos eléctricos, como secadores, rulos calientes, planchas de pelo, etc., coloca el tocador cerca de un enchufe para que los cables no arrastren por el suelo.

▽ *Coordinación práctica*
Este tocador, que forma parte de un conjunto de muebles modulares de dormitorio, ofrece gran cantidad de espacio de almacenamiento para que la habitación permanezca impecable. Asimismo presenta una extensa iluminación natural regulable con una persiana veneciana. La iluminación nocturna procede de una lámpara de mesa flexible. Las alas laterales del espejo en tríptico son ajustables.

◁ **Antiguo y nuevo**
Con la gran variedad de muebles modulares de dormitorio existentes puedes elegir el tocador que mejor se adapte a tus necesidades. Aquí, el tocador con hueco para las rodillas de la habitación de la izquierda ha sido sustituido por una cómoda más alta.

Las lámparas altas tipo candelero, un espejo antiguo y una combinación de colores en rosa ofrecen una sensación menos funcional.

▽ **Luces laterales**
Estas filas con bombillas pueden adquirirse como un conjunto y su instalación es relativamente sencilla, ya sea a ambos lados o en la parte superior de un espejo. Es mejor colocar un mínimo de dos filas ya que una sola producirá sombras.

◁ **Estilo Hollywood**
Una serie de bombillas al descubierto en torno a un espejo semicircular clavado en la pared emiten una excelente luz artificial para maquillarse. Las fuentes luminosas alrededor del rostro ofrecen una potente iluminación sin sombras.

La madera oscura y pulida, los accesorios de metal brillante y una serie de pequeños estantes de cristal hacen que este tocador resulte sofisticado y funcional.

23

Improvisación. Pese a que casi todas las mesas pueden hacer las veces de tocadores, es mejor que tengan hueco para las rodillas y cajones. Si la mesa propiamente dicha es vieja o está desgastada, cúbrela con una tela que llegue hasta el suelo. Coloca la tela y protégela contra manchas y salpicaduras con un cristal grueso de bordes biselados.

△ **Una combinación exclusiva**
Un elaborado sobremanto eduardiano y la base de una antigua máquina de coser se utilizan a modo de tocador. El conjunto está pintado en laca roja, negra y amarilla, a juego con una alegre tela formada por trozos de los mismos colores.

▷ **Frescor campestre**
Esta mesa auxiliar de pino sirve también a modo de cómoda; se ha colocado junto a una gran ventana para aprovechar la luz natural al máximo. El espejo independiente de mimbre lleva bisagras en los laterales de forma que pueda inclinarse.

Dormitorios en buhardillas

El aspecto de un dormitorio en una buhardilla suele ser distinto al de otras habitaciones. Normalmente es el lugar más caluroso de la casa debido a que el calor asciende, y posee un nivel de intimidad imposible de conseguir en el resto de la vivienda. Es el punto más alto y tiene una atractiva vista de la zona circundante.

El dormitorio en una buhardilla debe contar con una escalera de acceso fija, ya que una escalera plegable con trampilla no serviría. Pero los escalones pueden ser estrechos y retorcidos, o incluso en espiral: comprueba las normas de planificación locales.

DECORACIÓN

Elige una combinación con la cual la habitación parezca más espaciosa. En términos generales, los estampados pequeños dan mejores resultados y los colores luminosos son más adecuados que los oscuros, salvo que desees que el efecto producido resulte impresionante.

La forma de abordar las zonas en pendiente —como las paredes o el techo— depende mucho de su extensión. Un techo plano y amplio puede tratarse independientemente de las partes inclinadas y la pared, pero si la extensión es escasa, más vale tratar todo como un conjunto. Si la zona de pared recta bajo las pendientes es pequeña, puedes decorarla como un rodapié, y pintarla o cubrirla de papel pintado para poner de relieve el estampado principal o el color.

Si deseas empapelar una pared de arriba abajo, el techo, y el lado contrario por igual, elige un estampado aleatorio o abstracto. Si escoges un diseño que tenga que casar por una parte, surgirán problemas a la hora de ajustarlo por la otra y conseguirás un efecto discordante en la unión de la pared con el techo. Elige un diseño de flores o un pequeño estampado geométrico que se repita.

Rosas románticas
Aquí se ha utilizado un papel pintado estampado con flores para las paredes y las pendientes, con un diseño complementario más sencillo en el techo. Ambas zonas están claramente delimitadas mediante una cornisa de color. La ventana es tan bonita que no necesita cortinas.

CONVERSIÓN

Puedes convertir una buhardilla o un desván en dormitorio si necesitas una habitación adicional.

Hay determinados tipos de techos que se prestan a una transformación, pero con otros es más difícil o incluso imposible.

Tal vez necesites permiso de construcción y, en cualquier caso, estarás sujeto a unas normas específicas de edificación que marcan las pautas en cuanto a altura de la habitación como en el tamaño de las ventanas, el acceso, etc.

Ventanas. Las ventanas más fáciles de instalar son las que siguen el perfil del techo. Pueden adquirir la forma de ventanas al ras embutidas en la pendiente del tejado, con un pivote central para poder abrirlas. O ventanas empotradas en los extremos de los aguilones verticales —marco, hoja móvil, pivote, ventanas circulares o incluso triángulos repitiendo la forma de los aguilones— que se adapten al estilo exterior de la casa.

La ventaja de las buhardillas es que es posible incorporar en ellas un dormitorio principal adicional, pese al hecho de que esto suponga un poco más de trabajo estructural. Asimismo, hay que prestar atención a la continuidad del aspecto general de la casa.

Una buhardilla pequeña con techo y tejado de dos aguas que se adapte a la estructura existente, puede resultar un elemento muy atractivo; una buhardilla grande con ventanas y partes de pared lisas necesita más dedicación para que su aspecto no desentone.

UTILIZACIÓN DEL ESPACIO

Gran parte del atractivo de una habitación situada en el desván es su forma irregular: techos en pendiente, ventanas fuera de lo habitual y escondrijos y grietas interesantes.

La zona útil suele ser grande y estrecha, lo que ofrece diversas opciones. Puedes hacer dos dormitorios o uno mayor con su propio baño. Otra posibilidad es construir un dormitorio grande con una sala de estar o un estudio.

Tal vez encuentres características que dividen la habitación de forma natural, como una chimenea, o unas vigas. Como alternativa, puedes utilizar las ventanas a modo de elemento divisorio; una ventana en el centro de una pared en pendiente podría separar la zona de estudio del área de descanso.

Almacenamiento: debido a que los techos son bajos y están en pendiente, en las buhardillas hay un espacio desperdiciado donde no es posible ponerse de pie, por la escasa altura, pero que puede utilizarse para guardar objetos diversos; la ventaja de los armarios empotrados en el alero es que no estorban.

Si necesitas un lugar más alto para colgar la ropa, puedes poner armarios en la pared de la ventana combinados con armarios bajos debajo de la ventana y altos hasta el techo.

◁ Espacio de trabajo

En este dormitorio-estudio, las paredes en
pendiente, el techo y el suelo han sido
entarimados y pintados de color brillante para
sacar el máximo partido de la luz.

Un amplio armario empotrado, adaptado a
la pendiente del tejado, separa las zonas
destinadas a reposo y vestidor de la mesa y la
silla.

La cama queda encajada en el espacio
existente entre los dos cuerpos del armario,
debajo de la ventana; en el cabecero se
incluye una amplia estantería para colocar
una lámpara, libros, etc. Bajo la otra ventaja
hay un armario bajo destinado a guardar
documentos y objetos de oficina.

▷ Estudio juvenil

Retirando uno de los armarios empotrados, la
misma buhardilla ha sido transformada en un
dormitorio-sala de estar ideal para un
adolescente. Una mesa pequeña con una
lámpara de trabajo y una silla bajo una de las
ventanas sirve de zona de estudio, mientras
que un económico asiento modular, debajo de
la otra ventana, crea un ambiente de ocio. Las
estanterías de acero tubular para colocar
libros y una televisión son una buena solución
para guardar objetos diversos.

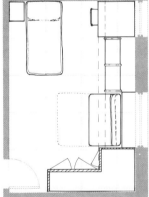

Escala: 1 cuadro, 1 metro

◁ Bajo el alero

Para solucionar el problema de la
altura en una pendiente de suelo
a techo se ha instalado un
armario en la parte inferior de la
pared. La pintura de la buhardilla
combina con el color del cielo,
siendo brillantes las paredes, el
techo y la carpintería, lo que crea
un atrevido impacto. La silla, la
cama, la mesa, los armarios y las
luces de la pared son blancos.

Las cortinas de gasa están
ensartadas por la parte superior
e inferior en barras pintadas de
blanco. La ropa de la cama está
decorada a mano: las nubes se
forman pasando una esponja
sobre las sábanas y la funda de la
almohada blancas.

REVESTIMIENTO DE LAS VENTANAS

Una ventaja del dormitorio en la buhardilla es que raras veces se vislumbra por encima, por lo que las ventanas pueden tratarse como un elemento meramente decorativo.

Las buhardillas pueden ser habitaciones muy atractivas pero en ocasiones su ubicación impide el paso de la luz. Las cortinas convencionales, aunque se retiren, cubren parte de la ventana, impidiendo aún más el paso de la luz.

Una opción práctica es una cortina enrollable, pero dado que su aspecto es muy severo, incluso siendo estampada, resulta mejor en combinaciones adaptadas. Una buena opción son los festones con volantes. La ventana parecerá más larga si la cortina se cuelga por encima, suponiendo que haya espacio.

Las cortinas y persianas colgadas de forma convencional no son adecuadas para ventanas en pendiente. Una buena solución son los estores con rodillos, al igual que las telas transparentes enrolladas en cables o barras, o las cortinas colgadas en la parte superior sujetas con una barra horizontal.

▷ *A medida*

Los colores pastel y los diseños geométricos crean un entorno sencillo para los muebles de madera. El estor a rayas blancas refuerza el vivificante ambiente y el papel gris claro del hueco de la ventana saca el máximo partido de la luz.

◁ *Cortinajes sueltos*

Esta cortina tiene únicamente fines decorativos. Se trata de un trozo de tela transparente colgado de una barra de cobre, recogido a un lado, que arrastra libremente por el suelo. Junto con la planta de interior, forma un punto central sin impedir el paso de la luz.

LA IDEA LUMINOSA

Cortinas hasta el suelo. A la hora de colgar cortinas, las ventanas en pendiente pueden presentar problemas. Fija una barra encima de la ventana y otra debajo. Cuelga las cortinas de la barra superior y remételas por la inferior, de manera que sigan la línea en pendiente de la pared.

◁◁ Borde dentado

Una excelente idea para la habitación de una buhardilla es colgar las cortinas en barras giratorias sobre soportes giratorios.

En este caso se ha utilizado una tela a rayas color rosa asalmonado, verde, gris y blanco. Las cortinas llegan hasta arriba y el espacio que queda entre la ventana y el techo está cubierto con la misma tela. El rosa y el verde se alternan en la ropa de cama, al igual que el borde dentado.

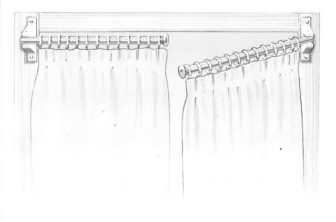

△ **Barras giratorias**. Las cortinas se introducen en las barras o cuelgan de las mismas. Las barras giran hasta tapar la ventana por la noche y se abren hasta los laterales de la ventana durante el día. Pueden juntarse en el centro, como vemos arriba, o quedar superpuestas, presentando un efecto más lujoso. Las cortinas pueden recogerse con cintas a los lados.

EN DIAGONAL

Las pendientes inclinadas del techo forman extraños rincones cuya utilización, a primera vista, parece difícil. Obsérvalos de nuevo y encontrarás muchas formas de sacar partido de ellos.

Es muy sencillo colocar estanterías o crear una zona para objetos varios, ya que no es necesario que exista paralelismo ni simetría. En un espacio en pendiente demasiado bajo para colocar una cómoda puede introducirse un arcón pequeño para mantas o incluso una mesa y una silla para un niño.

▷ Espacio para un pupitre

En el dormitorio de un niño, es factible aprovechar un espacio en pendiente adaptando una zona de estudio, que queda definida mediante una plataforma elevada. En la parte posterior se colocan estanterías pequeñas, quedando ocupado el resto por un pupitre clavado a la pared y un taburete.

▽ Un ribete audaz

En un lugar pequeño puede crearse sensación de espacio pintando el rodapié del mismo color que la moqueta y la pared inclinada en color claro. También es posible perfilar la pared en pendiente y los ángulos con papel pintado con reborde.

Reborde en inglete

1 Pon pasta sobre un trozo de tela a unos 25 cm de la esquina. Extiende la parte sin pasta lejos de la esquina y pliega el borde siguiendo el ángulo del borde siguiente hasta obtener un doblez en el vértice de la esquina.

2 Corta por la línea doblada utilizando una regla metálica y un cuchillo.

3 Dobla y corta el trozo siguiente con el mismo sistema, casando el dibujo.

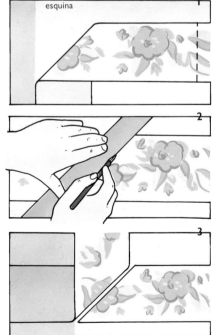

La iluminación de la cama

El dormitorio es la única habitación de la casa en la que puedes introducir un toque de dramatismo. Dado que el centro de atención se encuentra en la cama, conviértela en el punto de máxima importancia. Son muchos los estilos entre los que puedes elegir, desde el lujo de la cama de cuatro columnas adornada con colgaduras y tal vez sábanas a juego, hasta el mueble empotrado más moderno.

TOTALMENTE EMPOTRADO

Los elementos de almacenamiento y los armarios empotrados, tan populares en los dormitorios, pueden ir un poco más allá.

Las estanterías alrededor y encima del cabecero conforman un punto central y un lugar adecuado para colocar libros y lámparas: una idea práctica y elegante.

Otra forma sencilla y eficaz de conceder importancia a la cama es prestar atención al dibujo y al color. La colcha puede conferir al dormitorio una pincelada de color. Una colcha de algodón colorido y alegre combina perfectamente con unas paredes y una moqueta de pelo largo mucho más pálida.

COMBINACIONES CON LA TELA

Si te has decidido por una apariencia más tradicional, podrías elegir una cama de cuatro columnas con colgaduras de tela estampada, uno de cuyos colores se repetiría en las paredes, la pintura y las cortinas de la ventana. O también optar por un solo color en las colgaduras de la cama, las paredes y las cortinas.

Si deseas un efecto ligero y etéreo, cubre la cama con montones de gasa transparente o encaje.

En un dormitorio de dimensiones muy pequeñas, una idea interesante es combinar la cama y la habitación, cubriendo el techo de tela y las paredes con papel del mismo diseño.

Disposición simétrica

El impresionante efecto de esta cama radica en los vivos colores de la ropa de cama a juego con el dibujo geométrico de las cortinas. La cama se encuentra perfectamente situada entre las dos ventanas, enmarcada por las cortinas.

Las paredes, la pintura y el suelo son de color blanco, en tanto que el cabecero y la mesa a los pies de la cama están lacados en negro, lo que marca un fuerte contraste. En el cuadro abstracto sobre la cama se repiten los colores de la tela y en las persianas venecianas amarillas encontramos el color de las bandas horizontales del edredón.

EMPOTRADO

El efecto de una cama empotrada o rodeada por una fila de alacenas o elementos de almacenamiento bajos puede ser muy adecuado, al igual que práctico, ya que es posible incorporar estanterías y mesas sobre las que colocar teléfonos, libros y objetos varios.

Introducir la cama en una fila de armarios da pie a su iluminación, y el espacio sobre aquella puede ocuparse con un cuadro o un espejo.

Como alternativa, una buena idea es incorporar el cabecero como parte del conjunto. La cama sobre una tarima presenta una doble ventaja: ésta adquiere mayor importancia y es posible incorporar cajones debajo, solucionando un problema de almacenamiento.

△ *Efecto de espiga*

La tarima y los cajones de la cama están cubiertos con moqueta de pita que continúa por las paredes, lo que confiere una interesante textura a esta habitación de matrimonio.

Las rayas de pita están cosidas y encoladas a la pared y a la tarima. Observa que los bordes se han cubierto con una repisa que rodea al cabecero, con una segunda repisa baja que sigue la misma línea y hace las veces de mesilla de noche.

A la derecha vemos el otro lado del dormitorio. El armario empotrado junto a la puerta de entrada tiene un frontal corredizo con un sencillo pero útil tocador incorporado.

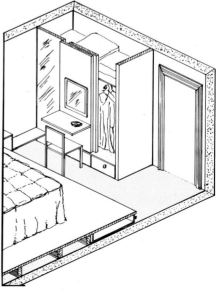

◁ **Adecuadamente encajada**

En este dormitorio, la cama encaja perfectamente en los salientes de la pared que forman asimismo armarios bajos y superficies sobre las que colocar libros y adornos. La colcha rosa da un toque de color y, junto con el cuadro azul, la atención queda centrada sobre la cama.

▽ **Esmerado y elegante**

Aquí el cabecero forma parte de un conjunto de almacenamiento bajo que ofrece un práctico fondo para una cama de matrimonio.

La ropa de cama y el edredón de color blanco destacan sobre la madera clara y la moqueta gris verdosa. Por la noche, la cama queda iluminada con luces empotrables, y durante el día, por la curiosa ventana en pendiente.

ASPECTO ROMÁNTICO

Es fundamental no escatimar tela a la hora de cubrir una cama con colgaduras. Aunque parezca costoso, la cantidad es mucho más importante que la calidad.

Hay telas baratas con las que se pueden confeccionar buenas colgaduras. Con muselina, percal, polialgodón, forro de cortinas o incluso tela de vestido ordinaria el efecto puede ser fantástico.

◁ *Efecto de cuatro columnas*
Es sencillo crear un efecto de cuatro columnas sin tener una cama de cuatro columnas, como sucede en este dormitorio donde el armazón que llega hasta el techo está unido a la cama. Las cortinas son largas, con abundancia de tela detrás de la cama, al igual que en el techo donde queda recogida en el centro. Todo el dormitorio —las paredes, la pintura, las cortinas y la cobertura del armazón de la cama— presenta el mismo color crema pálido, lo que ofrece un delicado marco para la tela de la colcha y de la mesilla de noche.

▷ *Un toque delicado*
Una corona semicircular o medio baldaquino es una atractiva alternativa a una cama de cuatro columnas, siendo una de las formas más delicadas de poner de relieve la cama. En este caso, la decoración de la cama queda reforzada por una guardamalleta a juego sobre la ventana.

CONFECCIÓN DE UNA CAMA DE CUATRO COLUMNAS

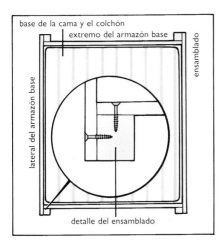

cuad. de madera blanda para las columnas. Sujeta las columnas en vertical. Atornilla los extremos del armazón en las superficies interiores de la parte inferior de las columnas como vemos en el detalle del recuadro y pide ayuda para mantenerlas en su sitio mientras atornillas los laterales del armazón a las caras externas de las columnas.

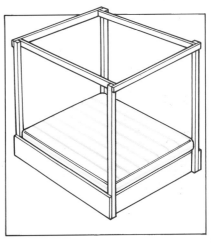

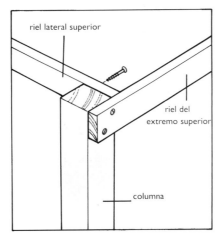

△ **Construcción del armazón base de la cama**
Para construir el armazón base de la cama, mide el ancho de la cama y añade 20 mm para que quede una pequeña separación entre el armazón y la cama. Corta dos trozos de madera aglomerada con esta medida y con un ancho que llegue hasta la mitad de la base de la cama.

Para construir los laterales del armazón base, mide el largo de la cama y añade 120 mm para el grosor de las columnas de las esquinas y la holgura. Corta la madera aglomerada con esa longitud y con el mismo ancho que los extremos del armazón.

Corta cuatro trozos de 230 cm de 40 mm

△ **Construcción del armazón superior**
Corta cuatro trozos de madera blanda de 50 x 25 mm a la misma longitud que los extremos de la base. Únelos a la parte superior de las columnas de la esquina.

△ *El armazón terminado*
Una vez construido el armazón, puedes decorar la cama de cuatro columnas.

Cubre el armazón base con tela utilizando grapas o chinchetas para sujetarla.

Puedes pintar las columnas verticales o poner un trozo de tela a juego en la parte superior de cada columna, enrollándola alrededor como si de un mayo se tratara.

Finalmente, clava trozos de tela en las barras transversales superiores —cuanta más tela utilices, más lujoso será el efecto-, y para terminar, cubre la parte superior con un dosel.

△ **Estilo de esquina**

Esta cama está ubicada en la esquina del dormitorio de una buhardilla en ángulo. El edredón a cuadros se ha colocado en diagonal sobre la cama con los bordes arrastrando por el suelo.

LA IDEA LUMINOSA

Efecto de medio baldaquino. Los soportes giratorios pueden utilizarse para crear un sencillo medio baldaquino. Las guías de deslizamiento llevan rodillos para los ganchos de las cortinas, pero si quieres, pueden quitarse, como con tules o encaje, deslizar la guía.

△ **Colorido contraste**

La cama contra una pared lisa y sobre una moqueta neutra destaca por la atrevida colcha y la doselera a juego. Observa el atractivo y original cabecero.

Tres fases para conseguir un dormitorio perfecto

Teniendo en cuenta la importancia que posee un buen descanso nocturno para el bienestar general, es sorprendente la escasa importancia que a veces se concede al dormitorio. Hay personas que cuya noción sobre un dormitorio ideal es nula —ya sea éste comedido y alegre o un conjunto de románticas colgaduras-, pero ¿cómo llegar a conseguirlo?

Lo que no puede lograrse de una vez a veces es posible por fases, y no hay razón por la cual no tengas un dormitorio confortable en cada fase. En una casa nueva hay una serie de cuestiones prioritarias, pero haz planes a largo plazo para no olvidar el dormitorio. En un dormitorio montado, elimina todo aquello que no forme parte de un conjunto agradable.

Hay diversos puntos básicos comunes a todos los proyectos elegantes. Un buen dormitorio —y un buen descanso nocturno— empiezan con una cama confortable. En un dormitorio montado, examina la cama con ojo crítico: ¿es adecuada? Compra una si es necesario y señala este punto como prioritario en una primera fase.

Dulces sueños

Un dormitorio puede ser un retiro perfecto del resto del mundo, pero raras veces un proyecto lujoso puede conseguirse de inmediato. Los detalles de esta habitación derivan de una meticulosa planificación. Una buena idea es la iluminación oculta —que debe instalarse antes de colocar los accesorios— para poner de relieve la corona y las colgaduras de la cama, en tanto que la combinación del edredón, los festones y los faldones la convierten en una habitación muy especial.

OPERACIÓN PLANIFICADA

Fase 1. Si no te alcanza el presupuesto para comprar una cama de gran calidad, dedica tus fondos a un colchón realmente bueno y por el momento duerme sobre éste en el suelo; o tal vez en una alfombra de lana. Busca un sistema de almacenamiento provisional: quizás una barra para las prendas de vestir o un nicho cubierto con una cortina, con soportes colgados para los jerseys y los zapatos, de manera que todo quede ordenado.

Compra una alfombra de calidad para el dormitorio o una alfombrilla amplia, y lija y barniza las tablas del suelo. Una persiana veneciana con colgaduras transparentes es un elemento sencillo pero adecuado para las ventanas. En esta primera fase, elige una iluminación provisional, luces independientes y de mesa con la altura idónea para leer por la noche. Refresca las paredes con un color neutro hasta que decidas qué hacer a continuación.

Fase 2. Si es necesario, pon una buena base para el colchón. Ya debes tener claras las necesidades de almacenamiento, por lo que has de decidirte por algo permanente: armarios empotrados o independientes. Una vez elegida la iluminación —tal vez en la pared sobre la cama-, pinta de nuevo o empapela las paredes a tu gusto.

Si no quieres hacer un gasto demasiado grande, cubre las ventanas con percal o estopilla.

Fase 3. Ha llegado el momento de rodearte de aquello que consideres más confortable. Si lo deseas, gástate el dinero en unos buenos accesorios, cubre la cama con generosas envolturas de tela. Viste de gala las ventanas con festones y faldones.

Si prefieres una elegancia oculta, busca la verdadera calidad en los detalles. Céntrate en una característica del dormitorio: tal vez una cómoda o un cabecero de hierro antiguos. Cambia las persianas venecianas lisas por persianas romanas también lisas pero mucho más elegantes.

Busca sitio —posiblemente en muebles empotrados— para los numerosos accesorios eléctricos que se encuentran junto a la cama: luces, una radio, un reloj despertador, un teléfono. La televisión en un carrito o una estantería no estorba cuando está apagada.

Fases rústicas

Un dormitorio que va aumentando
gradualmente tiene que ser sencillo al
principio (arriba). Una buena cama y una
alfombra son elementos básicos en una
primera fase, con las paredes neutras pintadas
con un fondo blanco y económico. La cortina
atada utiliza una cantidad moderada de tela,
siendo del mismo color melocotón claro que la
colcha de algodón afelpada, un color que
combina bien y que utilizaremos en fases
posteriores. Debajo de la ventana puede
colocarse provisionalmente un mueble para
guardar trastos.

En la fase 2 (abajo) vemos otros muebles
que evocan un espíritu rústico: un robusto

lavabo y una cómoda vieja —que puede
encontrarse en tiendas de baratillo— ahora
cubierta con pintura blanca. El cuadro que
animaba un rincón ha sido sustituido por un
dechado bordado que se adapta exactamente
al gusto del entorno.

En la fase 3 (izquierda), la cómoda —ahora
pintada y barnizada— presenta todas sus
posibilidades con plantillas, tiradores de cobre y
un espejo que completa su transformación.
Entre los toques finales encontramos accesorios
varios: una alfombra en el suelo y —un
agradable toque personal— un cuadro pintado
a mano sobre la chimenea. El dechado
adquiere importancia y queda colocado en un
lugar prominente en la pared.

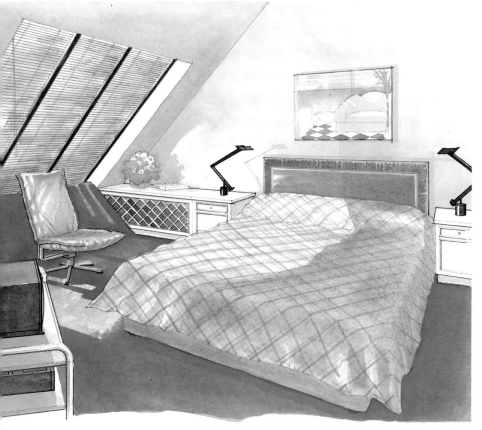

△◁ Una colocación mínima

Con los elementos básicos en su sitio, la fase 1
(arriba) está elegantemente dispuesta, pero
dispersa. Un buen colchón, preciosas persianas
y una moqueta blanda son los primeros gastos
para la primera fase.

La fase 2 (izquierda) presenta la misma
colocación pero con algunos extras. Se ha
colocado una base bajo el colchón y un
cabecero. Sobre unas mesillas que se
prolongan por la pared y ocultan el radiador
se han añadido unas modernas lámparas,
ideales para leer por la noche. Un elemento
adicional es la televisión, que puede colocarse
sobre una mesa con ruedas para poder verla
desde la cama, y otro es un cómodo sillón.

Con la posibilidad de un almacenamiento
provisional con cortinas hasta poder construir
un armario empotrado y colocar persianas
romanas en la ventana, en la fase 3 el
dormitorio quedará terminado. Si se planifica
de este modo, no existe ningún compromiso
en ninguna fase en cuanto al aspecto o la
comodidad.

Transición tranquila

Una vez colocados los elementos básicos —una buena cama y un suelo blando— en la primera fase, un dormitorio que se utilice durante el día se ha convertido en un agradable retiro mediante la adición de un sillón y un elegante escritorio antiguo (arriba). *El dormitorio es oscuro y la colcha blanca añade un frescor vivificante.*

Para suavizar los marrones, en la fase final se introduce otro color (abajo): el verde de la alfombra y la corona convierten la cama en el elemento central. Un espejo de cuerpo entero refleja la luz en un rincón, las lámparas con brazos de cobre amarillo añaden un estilo adicional y los cuadros se han colgado de otra manera para crear puntos centrales en torno a la habitación.

LA IDEA LUMINOSA

Unos buenos tiradores. Si no te agradan los tiradores de una cómoda o un armario, puedes transformar fácilmente los muebles incorporando otros nuevos. Elige entre una amplía selección de estilos de cerámica, lisos o decorados, de madera y de bronce, que se adapten a un marco moderno o tradicional.

△ Gusto mediterráneo

Si vas a poder dedicar algún tiempo a la creación a partir de los elementos básicos, básate en la sencillez. En este dormitorio la pintura verde combina con las paredes rosa pálido como en un sueño. Las comodidades —alfombra en el suelo, una iluminación permanente— llegarán más tarde. Salvo, por supuesto, que te hayas decidido por los elementos esenciales tal cual.

▷ Doble objetivo

Un dormitorio de múltiples usos presenta muebles modulares que se adaptan a espacios difíciles y pueden ampliarse con pertenencias. Una persiana estratégicamente colocada divide las distintas funciones. A medida que transcurre el tiempo, pueden añadirse detalles definitivos, como persianas en la ventana. La armonía cromática ha evolucionado durante las distintas fases hasta llegar a un resultado final particularmente agradable.

Distintos tipos de camas

Pasamos aproximadamente un tercio de nuestras vidas en la cama, un dato que, por sí solo, convierte a la cama en el mueble más importante del dormitorio.

Comprar una nueva. La duración de un colchón medio está entre 10 y 15 años. Si tu cama tiene más años, ha llegado el momento de cambiar el colchón. (Recuerda que una base de bordes firmes o bordes de muelles experimenta el mismo deterioro que el colchón). Si el armazón es de madera con base de lamas o metálico con base de muelles, sólo deberás cambiar el colchón dado que las bases son muy resistentes.

¿Qué tipo de cama? Como explicamos en el capítulo anterior, todas las camas están compuestas de dos partes básicas: la base y el colchón.

En este capítulo examinaremos los distintos tipos de camas. En la primera sección veremos la cama diván, que consiste en un colchón y una base sin armazón, con cabecero incorporado, que normalmente se vende como pieza independiente. En la segunda sección, examinaremos los armazones tradicionales —base, cabecero y pie— en conjunto. En la tercera sección estudiaremos las camas que ahorran espacio, con un único armazón, que pueden utilizarse como mueble de almacenamiento o guardarse.

LISTA DE COMPROBACIÓN
Antes de elegir la cama, piensa detenidamente en tus necesidades.
- [ ] ¿Es para un adulto o para un niño?
- [ ] ¿Con qué frecuencia se va a utilizar? Las camas en las que se duerme todas las noches deben ser más consistentes que las que se utilizan provisionalmente.
- [ ] La única forma de probar bien una cama es tumbarse en ella.
- [ ] Estando tumbado en la cama, ¿puedes pasar con facilidad la mano por debajo de la zona lumbar? En caso afirmativo, la cama es demasiado dura pero, en caso negativo, tal vez sea excesivamente blanda. La cama es adecuada cuando llena el hueco que queda en la zona lumbar, pero puedes introducir la mano.
- [ ] Si te resulta difícil darte la vuelta, la cama es demasiado blanda.
- [ ] Pregunta al vendedor por la construcción y la tapicería.

CAMAS MUEBLE

Estilo. Una cama diván se compone de una base y un colchón. Los tamaños oscilan entre la individual pequeña y la super-especial (210 x 210 cm). Las bases de las camas muebles de matrimonio están formadas por dos piezas unidas mediante bisagras, de manera que puedan plegarse para facilitar su transporte. Como alternativa, cabe la posibilidad de comprar un diván doble, que consiste en dos bases individuales unidas y dos colchones independientes unidos con una cremallera.

Uso. Este tipo de diván doble (formado por dos colchones y dos bases individuales) resulta práctico si existe una notable diferencia de peso entre las personas que ocupan la cama. En general, la fijación para el cabecero es de serie. La gama de modelos de las bases (con muelles o sin muelles) con zona de almacenamiento es muy amplia.

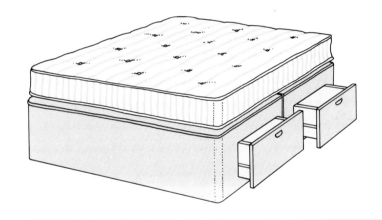

CABECEROS

Un cabecero sirve para proteger de la suciedad la pared situada detrás de la cama, siendo asimismo una cómoda superficie de apoyo.

Acolchado. Los cabeceros acolchados constan de una tabla de madera cubierta de tela (normalmente similar al terciopelo), que rodea diversas capas de relleno. El mejor sistema es el de fundas recambiables.

Tipo reposacabezas. Puede adquirirse en bloque o instalarse por separado. Los cojines cuelgan de una barra clavada a la pared.

Metálico. Los cabeceros metálicos suelen ser meramente decorativos debido a su incomodidad a la hora de apoyarse sobre ellos. Pero protegen la pared.

De mimbre abiertos. Hay diversos estilos y diseños de otros cabeceros, pintados o naturales.

De rejilla. Los cabeceros de rejilla son más cómodos que los de mimbre y, por lo tanto, más populares. Se rellena de rejilla la zona central de una estructura de madera, sirviendo perfectamente de apoyo.

De madera. Estos cabeceros pueden ser de madera maciza o contrachapada (una fina capa de acabado de madera pegada sobre contrachapado o cartón duro). Pueden tallarse con motivos decorativos.

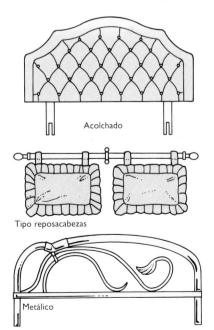

Acolchado

Tipo reposacabezas

Metálico

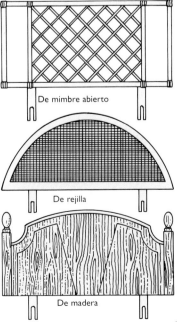

De mimbre abierto

De rejilla

De madera

ARMAZONES

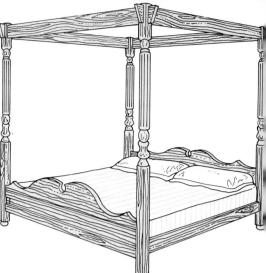

ESTILO RÚSTICO DE MADERA

Estilo. El armazón y la base de lamas son de madera (consulta el capítulo anterior).
Uso. Asegúrate de que las juntas estén bien fijas. La unión de las camas se lleva a cabo con tornillos o abrazaderas que, con el tiempo, adquirirán holgura y chirriarán.

TRADICIONALES DE BRONCE

Estilo. Los armazones tradicionales de bronce son muy populares. La base suele ser de tela metálica o de muelles (consulta el capítulo anterior).
Uso. Suelen encontrarse a gran distancia del suelo. Los cabeceros de bronce macizo son muy caros, siendo más baratos los de bronce simulado.

DE CUATRO COLUMNAS

Estilo. Literalmente, una cama con cuatro postes, uno en cada esquina, unidos por un armazón en la parte superior, donde puede extenderse un dosel. Existe asimismo la versión sin armazón superior ni dosel.
Uso. Pueden añadirse cortinas laterales alrededor.

CAMAS CON LAS QUE SE AHORRA ESPACIO

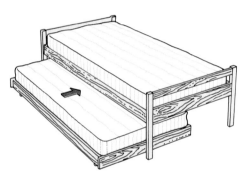

CAMA NIDO

Estilo. Esta cama individual lleva incorporada una segunda cama con patas plegables que se introduce debajo, pudiendo extraerse en caso necesario.
Uso. Se pueden utilizar como camas individuales o de matrimonio. La cama inferior debe quedar a la misma altura que la superior al levantarla.

CAMA TURCA

Estilo. Una cama individual plegable con un colchón de escaso grosor que puede plegarse cuando no se utilice. Algunas llevan incorporado un cabecero y tablas en la base que servirán de estantería una vez plegada la cama.
Uso. Relativamente barata, pero sólo para uso ocasional.

CAMA MUEBLE

Estilo. Estas camas quedan unidas a un mueble mediante bisagras por un lateral para poder dejarlas plegadas (en sentido vertical u horizontal) contra la pared.
Uso. La cama queda adosada a la pared mediante un mecanismo, de manera que puede ocultarse tras una cortina o en el interior de un mueble.

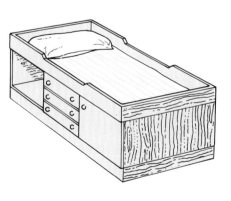

LITERA DOBLE

Estilo. Dos camas, una encima de otra. En la superior se accede por una escalera, mejor si es fija.
Uso. Pueden dormir dos niños en el espacio de una cama. En la superior, incorpora un sistema de seguridad.

LITERA CON ZONA DE ALMACENAMIENTO O ARMARIO

Estilo. Litera individual con cajones y armarios.
Uso. Es práctica para dormitorios infantiles, pero el acceso a la cama debe ser fácil para el niño.

LITERA INDIVIDUAL

Estilo. Una sola cama en lugar de dos.
Uso. En el espacio inferior puede incorporarse una mesa con cajones para estudiar. Hay variantes con zonas para sentarse.

Armarios

PUNTOS PARA COMPROBAR

☐ Tomar con cuidado las mediadas de la habitación para llevarlas a la tienda.
☐ Revisar todas las posibilidades de la misma
☐ Elegir un estilo que adapte muebles y proporciones.
☐ Revisar las bisagras y las juntas.

Los armarios se dividen en dos tipos: empotrados e independientes.

Los armarios independientes son los únicos muebles convencionales con una, dos o tres puertas que pueden colocarse en línea. Pueden ser en bloque o por elementos.

Éstas son las opciones de un armario: a la medida del usuario, en bloque, por elementos con guías de deslizamiento o puertas de doble hoja. Antes de decidir el tipo más idóneo para las habitaciones de tu casa, deberás considerar sus ventajas y desventajas.

INTERIORES DE LOS ARMARIOS

En el interior es posible incorporar barras completas, medias barras, cajones o estantes (que pueden ser fijos, deslizantes o ajustables). Otros elementos a tener en cuenta son: una barra para colgar cinturones o corbatas, un soporte para zapatos, un espejo de cuerpo entero o de medio cuerpo y una estantería superior. Considera asimismo una luz interior que se encienda al abrir la puerta. Consulta en la página 9 la planificación para el almacenamiento en un armario.

INDEPENDIENTE

Estilo. Con una, dos o tres puertas, en estilo tradicional y moderno; existe gran variedad de diseños tradicionales. La barra de colgar puede ser entera o tres cuartos, con uno o varios cajones debajo. En las tiendas de segunda mano se encuentran buenos armarios independientes. Los nuevos generalmente van acompañados de muebles a juego como un tocador, una cómoda, mesillas de noche y un espejo de cuerpo entero.

El frontón (parte superior) y el zócalo de la base pueden ser modelados, moldeados o rectos. Algunos armarios presentan pies redondeados o incluso ruedecillas.
Uso. El tipo de armario más versátil es el que puede desplazarse de una habitación a otra y transportarse de una a otra casa.

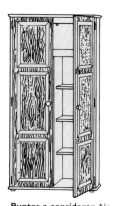

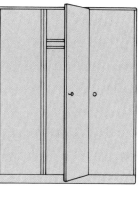

Puntos a considerar. No economizan tanto espacio como los armarios empotrados. Pueden ser macizos o desmontables. Los primeros pueden ser voluminosos y difíciles de

trasladar. Comprueba las medidas de la habitación y el acceso por las escaleras y las puertas antes de realizar la compra; el montaje de los últimos puede resultar complicado.

Un frontón decorado posiblemente limitará el almacenamiento en la parte superior del armario y en el espacio que queda bajo los pies o el zócalo de la base se acumulará polvo.

INDEPENDIENTES EN FILA

Estilo. Pese a ser independientes, estos armarios están diseñados para adosarlos y formar una fila. Las molduras salientes de los laterales deben ser desmontables en este tipo de armarios. A veces la moldura superior queda sustituida por una única banda de lado a lado.

Algunos sistemas van acompañados de cómodas o tocadores que se colocan entre los armarios, al igual que es posible incorporar una cama.
Uso. Estos armarios siempre se venden por elementos, pudiendo desmontarlos y trasladarlos fácilmente en caso de mudanza.
Puntos a considerar. Si tu idea es colocar una fila de armarios independientes, es imprescindible que previamente midas milimétricamente la habitación. En este sentido algunos fabricantes ofrecen un servicio de planificación gratuito. Comprueba la versatilidad de su interior. ¿Puedes cambiar la barra entera por una pequeña,

mover los estantes, ajustar la profundidad, etc.?

De la misma manera que sucede con un armario independiente de un cuerpo, posiblemente quedará

espacio desperdiciado en la parte superior y en los extremos, ya que los armarios no se adaptarán exactamente a la habitación. Asimismo puede perderse espacio en

las esquinas si el fabricante no incluye elementos de esquina.

Te resultará imposible que el armario quede al ras de la pared si antes de colocarlo no cortas y retiras el rodapié.

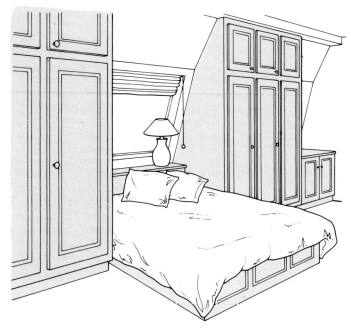

ELEMENTOS EMPOTRADOS A LA MEDIDA DEL USUARIO

Estilo. Los elementos empotrados del suelo al techo constan de armarios completos para colgar prendas con alacenas en la parte superior, elementos intermedios, cómodas, tocadores, mesillas de noche, etc. Algunos fabricantes ofrecen características adicionales, como bordes curvados y espejos deslizantes. Los fabricantes los diseñan e instalan adaptándolos exactamente a la habitación del usuario.

Los elementos son de madera chapeada o de tablas de madera chapeada plástica. Las puertas pueden ser de tablillas, con espejos, decorados con molduras, en color natural o pintados a mano.

Uso. Es el mejor sistema para ocupar bien el espacio, ya que se adaptan perfectamente a la habitación. Todos los ángulos y características —como las vigas o los techos inclinados— quedan incorporados, quedando todo el espacio ocupado sin posibilidades de que se introduzca el polvo. Comprueba que el interior pueda adaptarse a posteriores cambios. Si existen problemas de espacio, las puertas correderas o plegables de doble hoja ocupan menos sitio que las puertas con bisagras. Estos armarios son los más caros, y en ocasiones llevan incorporadas extrañas características, como estantes altos giratorios de fácil acceso y luces interiores que se encienden al tacto.

Puntos a considerar. Asegúrate de la facilidad de acceso a los elementos de esquina y de que no se desperdicie espacio. Si hay elementos intermedios, comprueba que la base esté bien terminada, especialmente si están sobre la cama. Si en la habitación hay una moldura decorativa, la barra de una cortina o cualquier otra característica arquitectónica, procura adaptarlas al diseño de los elementos.

Son armarios costosos que están adaptados a una habitación específica, no es posible trasladarlos pero supondrán un valor añadido para la casa si están bien diseñados.

ELEMENTOS EMPOTRADOS CONFECCIONADOS

Estilo. Su aspecto es muy similar al de los elementos a medida pero existe una gran gama de diseños y estilos. Se utilizan armarios y cajones con tamaños de serie, por lo que no encajarán en el espacio disponible. Incluyen paneles que se adaptarán a los espacios laterales o superiores y elementos de base ajustable que se ajustarán a las desigualdades del suelo. Los paneles pueden cortarse de forma que se adapten a los zócalos, las molduras del techo, etc. Los más caros son los diseñados e instalados en una habitación por el fabricante, está incluido en el precio. Los más baratos son los desmontables: planifica y mide la habitación antes de realizar la compra.

Uso. Comprueba la versatilidad de los interiores; en ocasiones sólo es posible hacer ajustes sencillos, como la profundidad de las estanterías.

Puntos a considerar. Hay elementos que no llevan parte posterior, siendo más económicos pero, adosados a una pared que dé al exterior, pueden producirse problemas de condensación. Si los elementos llevan incorporados paneles en la parte posterior, comprueba el material. La madera contrachapada se ajusta mejor que el aglomerado chapeado o pintado, que puede alabearse.

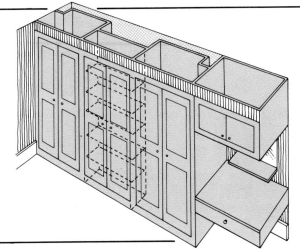

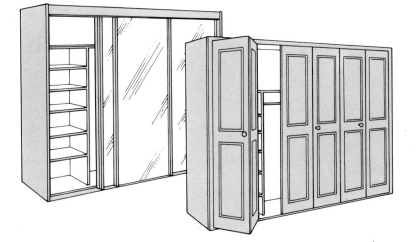

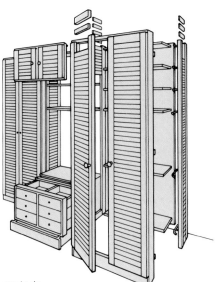

PUERTAS CORREDERAS O DE DOBLE HOJA

Estilo. Se coloca una guía de deslizamiento de pared a pared o de una pared a un panel del extremo. Las puertas correderas que pueden ser chapeadas de madera o plástico, o con espejos, se encajan o se cuelgan de la guía.

Uso. Los interiores vendrán instalados por el fabricante o el usuario puede adaptarlos utilizando cestos de rejilla.

Éste es un sistema ideal para habitaciones con techos en pendiente. El interior puede adaptarse a las distintas necesidades.

Puntos a considerar. La altura de las puertas es de serie. Si los techos de la habitación son altos, será preciso incorporar un mueble de relleno unido a las viguetas del techo. La instalación corre a cargo del fabricante o del usuario.

JUEGOS

Estilo. Se compone de un armazón de soportes y cajones, y las puertas y los laterales que encajan en el armazón una vez construido. Normalmente son de pino barnizado o se dejan en estado natural.

Uso. En caso de tratarse de muebles desmontables, se ajustan perfectamente y pueden desmontarse y trasladarse en caso de mudanza.

Puntos a considerar. Al tratarse de elementos muy voluminosos, comprueba su estabilidad porque, en ocasiones, será necesario fijarlos a la pared. Pese a su versatilidad, tras sumar el coste de todos los componentes, es posible que no resulte tan barato como algunos armarios empotrados confeccionados.

Muebles del dormitorio

Los muebles del dormitorio sirven principalmente para guardar objetos diversos, siendo un sistema pulcro y adecuado para mantener ordenados y fácilmente accesibles los vestidos, los artículos de tocador y, en ocasiones, las maletas y los materiales de estudio.

Un factor muy importante es el aspecto, razón por la cual debes elegir muebles adecuados que se adapten al estilo global de la habitación, teniendo muy en cuenta el tamaño y la forma.

En términos generales, los dormitorios no son grandes, por lo que debes ser selectivo para conseguir un máximo de almacenamiento en un mínimo de espacio, sin que el aspecto se vea afectado.

Si el espacio es muy estrecho, considera que la mejor opción los muebles empotrados.

Entre los modelos existentes encontraremos cómodas altas (para armarios, consulta el capítulo anterior), elementos bajos y tocadores empotrados, que pueden instalarse en rincones. De aspecto muy agradable, hay gran diversidad de estilos, materiales, colores y acabados.

No obstante, los muebles empotrados suelen ser más costosos que los independientes, aunque normalmente tanto el diseño y la instalación van incluidos en un mismo precio.

A la hora de elegir los muebles de tu habitación, recuerda que pueden ser tan tradicionales o modernos como desees. Además del pino —de gran popularidad— puedes encontrar acabados de caoba, cerezo, roble, olmo y arce.

Incluso los efectos especiales con nuevas pinturas, como el esponjado, el arrastre y el rodillo, son adecuados para los dormitorios. La gama de estilos es muy variada, desde el clásico hasta el moderno.

Los colores abarcan desde la melamina blanca o crema tradicional, con adorno dorado, en cuanto al aspecto clásico, hasta los colores pastel suaves y los primarios vivos, si lo que deseas un entorno mucho más moderno.

Debes decidir el estilo antes de comprar. En los muebles no sólo quedarán reflejados tus gustos personales, sino también queda reflejado tu estilo de vida y el propósito que deseas para la habitación: sólo para dormir o para algo más.

Si pretendes crear un entorno femenino y romántico, elige un bonito tocador con las patas torneadas y armarios que tengan atractivos adornos. Una habitación para niños o adolescentes servirá para múltiples usos, por lo que deberás tener en cuenta la necesidad de incluir en ella armarios y estanterías donde guardar juguetes y libros, además de prendas de vestir, y un tocador que haga las veces de mesa.

Si deseas una flexibilidad completa, hay diversas gamas de muebles que puedes combinar para crear armarios, cómodas y mesas, pudiendo ser de madera o metálicos, en general de gran calidad.

Pero cuidado a la hora de comprar muebles desmontables pues la norma general es que tendrás aquello por lo que has pagado, y el resultado de unos muebles muy baratos en un dormitorio puede ser mucho peor de lo que habías previsto. Asimismo se puede pensar la posibilidad que a la larga no sean tan resistentes.

TOCADORES

MODERNOS

Estilo. Elementos con cajones bajos unidos por un tablero.
Uso. Son ideales para una habitación de estilo moderno y útiles en habitaciones infantiles porque sirven a modo de mesa.
Punto a considerar. Puede improvisarse con archivadores y un tablero.

DE ESQUINA

Estilo. Tocador para colocar en un rincón de la habitación con muebles integrados.
Uso. Un mueble excelente para ahorrar espacio, que cuenta con cajones y una superficie, y se coloca en un lugar que normalmente queda desperdiciado. Este tipo de tocador puede ser también independiente.
Puntos a considerar. Detrás del tocador no hay luz diurna. Considera la instalación de una luz artificial, como un espejo iluminado o un aplique directamente encima del mueble.

CUBIERTO

Estilo. Tocador en forma de riñón con una barra para colocar una cortina alrededor que oculte el contenido.
Uso. Ofrece mucho espacio de almacenamiento. La cortina mantiene ocultos los cajones.

CLÁSICO

Estilo. Tocador independiente de estilo clásico, normalmente con espejo integral incorporado y pequeños cajones o estantes en la parte superior para joyas y objetos pequeños, y uno o dos cajones en la parte inferior para pañuelos, prendas interiores, etc.
Uso. Es un buen punto central en un marco tradicional. Normalmente en madera maciza.
Punto a considerar. Al igual que sucede con todos los tocadores, necesita una buena iluminación detrás, y normalmente quedará ubicado delante de la ventana. El estilo del tocador puede ser impresionante en una habitación pequeña, y en algunos hay poco espacio de almacenamiento (aunque existen modelos con cajones junto al hueco de las rodillas para incrementar el espacio de almacenamiento).

EMPOTRADO

Estilo. La parte de la mesa está empotrada en armarios que van desde el suelo hasta el techo.
Uso. Una buena opción en una habitación con muebles empotrados. Puedes verte la nuca utilizando espejos en tríptico. Busca objetos especiales, como bandejas corredizas y cajones para guardar frascos.
Puntos a considerar. Dado que el tocador está empotrado, lo que confiere a la habitación un aspecto más moderno, tendrás que limitar el estilo. La luz artificial es un elemento básico, ya que el tocador normalmente no puede colocarse delante de una ventana.

CÓMODAS

CÓMODA BAJA

Estilo. Mueble bajo, largo y horizontal con cajones de diversos tamaños.

Uso. Puede colocarse bajo una ventana o a los pies de la cama. Algunos modelos combinan cajones pequeños y grandes; los más pequeños sirven para guardar calcetines y pañuelos.

Puntos a considerar. Siempre debe haber espacio delante de la cómoda para abrir bien los cajones.

CÓMODA BAJA

Estilo. Grupo de cajones altos, a veces con espejo en la parte superior.

Uso. Ideal para guardar prendas de vestir dobladas como vestidos, prendas interiores y camisetas.

Punto a considerar. Dado que son estrechos pueden colocarse en rincones difíciles, pero no deben ser demasiado altas para poder utilizarlas con comodidad.

CESTOS DE REJILLA

Estilo. Un conjunto de hasta cinco cestos se abren como los cajones colocados unos sobre otros.

Uso. Una económica alternativa a una cómoda para una habitación moderna, adecuados para guardar zapatos y ropa de cama.

Punto a considerar. Es una solución práctica, pero puede acumular polvo, por lo que no sirve para personas poco amantes de la limpieza.

ARCONES PARA MANTAS

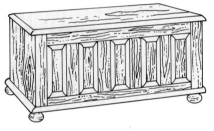

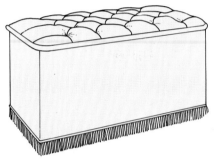

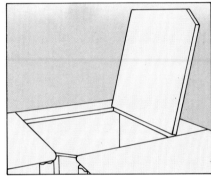

ARCONES ANTIGUOS

Estilo. Arcón para mantas tradicional que puede ser antiguo o una reproducción, liso o con paneles, e incluso estar intrincadamente tallado.

Uso. Adecuado para guardar mantas y prendas de lana. Normalmente se coloca a los pies de la cama o debajo de una ventana. Elige un estilo que combine con los muebles de la habitación.

Punto a considerar. Si compras un mueble antiguo, comprueba que no esté carcomido y sea resistente: la restauración a veces debilita las juntas. Un arcón de cedro puede ser una buena opción contra las polillas.

ARCÓN ACOLCHADO

Estilo. Arcón con tapa acolchada diseñado para combinar con los demás muebles. Los laterales pueden pintarse lisos, en color o cubrirse de tela.

Uso. Se coloca a los pies de la cama o bajo una ventana. Este arcón sirve asimismo de asiento, siendo a la vez un lugar de almacenamiento.

Punto a considerar. La tapicería fija se ensuciará y habrá que limpiarla. El acolchado impedirá colocar objetos encima.

ARCÓN DE ESQUINA

Estilo. Arcón para colocar en un rincón como parte de un conjunto de elementos empotrados.

Uso. Ideal para guardar ropa de cama, toallas, vestidos grandes y, en las habitaciones de los niños, juguetes.

Punto a considerar. Sólo disponible con conjuntos empotrados, salvo que el usuario lo improvise. Deberá accederse al fondo sin problemas.

MESILLAS DE NOCHE

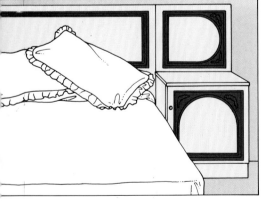

MESILLAS EMPOTRADAS

Estilo. Mesillas montadas en la pared (de muchos estilos) a ambos lados de la cama, que forman parte del cabecero.

Uso. Un magnífico sistema para colocar una lámpara y un despertador. El espacio inferior puede ser zona de almacenamiento abierta o incorporar unos cajones.

Punto a considerar. Hay que cambiar la totalidad del conjunto en caso de desear variaciones.

MESILLA TRADICIONAL

Estilo. Mesilla independiente y obsoleta para un orinal, con un cajón de madera barnizada o pintada, puede ser antigua o una reproducción.

Uso. Es una buena mesilla de noche en estilo tradicional. Adecuada para guardar libros, etc.

Punto a considerar. Dado que es un tipo de mesilla independiente, debes asegurarte de que su altura sea la correcta, ni demasiado alta ni demasiado baja, para colocar una lámpara o un reloj despertador.

CARRITO PARA EL DORMITORIO

Estilo. Carrito de metal de alta tecnología cuyo uso será similar al de otras mesillas de noche.

Uso. Mesilla de noche flexible que puede trasladarse a otra zona de la habitación en caso necesario. Con una o dos bandejas en la parte inferior.

Punto a considerar. El estilo abierto implica que los objetos están siempre expuestos. Comprueba la altura del carrito y asegúrate de que las ruedas están bien sujetas; en algunos modelos es posible bloquearlas.

HABITACIONES
DE NIÑOS E INVITADOS

«El mobiliario y los complementos
le imprimirán ese sello
íntimo que caracteriza a la estancia
más personal de la casa:
el dormitorio»

INTRODUCCIÓN

El dormitorio es, dentro de la casa, un lugar especial; no sólo porque pasemos un tercio del tiempo diario durmiendo sino porque, además, solemos guardar en él nuestros objetos personales, y a menudo es vivido como el refugio más íntimo, como el lugar más propio de uno, tanto por los niños como por los adultos.

Dada la importancia que tiene esta habitación, es fundamental que su decoración esté de acuerdo no sólo con la estética sino también con las necesidades y características de las personas a quienes pertenezca. No puede decorarse de la misma manera el dormitorio de un adolescente que el de un anciano; el de huéspedes como el dormitorio principal. En este libro encontrarás sugerencias e indicaciones precisas para hacer que cada miembro de tu familia, desde un bebé recién nacido hasta tus padres, tenga en tu casa un lugar cómodo, agradable y acorde a su edad.

En las páginas finales encontrarás una guía práctica que te será útil a la hora de elegir la ropa de cama o los colchones.

Dormitorios infantiles: de recién nacidos a dos años

No es una cuestión fundamental que un bebé recién nacido posea un dormitorio propio pero, transcurridas sus primeras semanas de vida, es preferible que ocupe una habitación independiente, a ser posible cerca del dormitorio de los padres y lejos del ruido de las zonas principales de la vivienda. Si quieres asegurarte de que el niño duerme, sin tener que salir corriendo para comprobarlo, coloca una alarma en la cocina o en el salón.

La creencia general es que un bebé necesita un dormitorio pequeño, pero el niño no será chiquitín durante mucho tiempo. La habitación infantil debe ser adaptable a las variables necesidades, y los muebles y las zonas de almacenamiento han de ser flexibles. Al principio, resultan irresistibles los muebles en miniatura, pero el niño pronto crecerá y será mucho más útil una cuna que pueda transformarse en cama, o un armario con barras ajustables que se adapte a prendas de vestir de distintos tamaños.

Decoración. Los colores lisos o los dibujos pequeños para las paredes no perderán su atractivo con tanta rapidez como los estampados especiales para dormitorios de niños, que en pocos años resultarán demasiado infantiles. El suelo de vinilo acolchado o de corcho es cálido al tacto, silencioso y fácil de limpiar y, al parecer, los bebés prefieren arrastrarse por una superficie brillante.

Estímulo visual. Los bebés sienten fascinación por los objetos de colores y en movimiento. Puedes fabricar un objeto móvil para colgarlo en la cuna, o colgar dibujos delante del niño y cambiarlos con frecuencia (consulta la página siguiente).

Habitación para jugar

En este confortable dormitorio infantil hay espacio para un sillón, además de contar con una gran zona de almacenamiento en un amplio nicho. Hay sitio para una silla infantil y un parque, y el bebé puede corretear a placer. El armario bajo puede transformarse posteriormente en cajón para guardar juguetes.

ELEMENTOS BÁSICOS

Para un bebé son más cómodos un moisés o una cuna portátil que una cuna de tamaño natural, siendo asimismo más fáciles de transportar. Éstos pueden introducirse en una cuna grande, lo que también servirá para que el niño se vaya acostumbrando a su futuro entorno.

Una buena tienda y una buena marca son puntos fundamentales a la hora de comprar una cuna. Comprueba su estabilidad y observa que el mecanismo antivuelco sea seguro y no pueda manipularlo un niño. Una buena idea es una cuna con colchón de posición ajustable. Cuando el bebé es muy pequeño, el colchón de la cuna puede colocarse en alto, lo que ahorrará problemas a los padres. Posteriormente, será necesario bajar el colchón para que el niño no pueda escalar por los laterales.

Fuera de la cama, a los bebés les encanta levantarse para ver el mundo, para lo cual servirá una cuna resistente o un reclinatorio de plástico moldeado con el interior acolchado.

Dado que los padres pasan mucho tiem-

△ Habitación versátil

Se precisa mucho espacio de almacenamiento en una habitación infantil bien planificada. Aquí vemos un armario pequeño con un aparador a juego, cuyo tablero sirve para cambiar al bebé. La librería alta se utiliza para colocar los juguetes, que quedan a la vista, y posteriormente servirá para guardar ropa mediante la incorporación de unas puertas.

▷ Cuna con parachoques

Unos parachoques estampados y acolchados atados a la cuna protegen la cabeza del bebé de los barrotes.

po en la habitación del niño, incluye un sillón cómodo si hay suficiente espacio.

Cambiar al bebé. Para cambiar los pañales al bebé necesitas una superficie que esté a la altura de la cintura, con un lugar a mano para colocar todos los objetos básicos, como imperdibles, polvos y cremas. Hay conjuntos destinados a tal fin, o puedes colocar una toalla sobre una mesa o un aparador, con una caja o un cubertero de plástico que contenga todos los artículos.

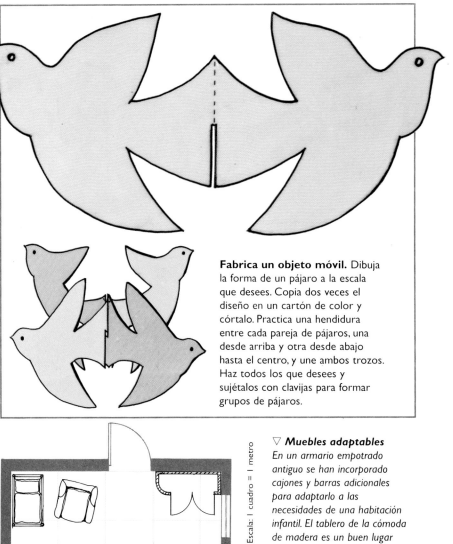

Fabrica un objeto móvil. Dibuja la forma de un pájaro a la escala que desees. Copia dos veces el diseño en un cartón de color y córtalo. Practica una hendidura entre cada pareja de pájaros, una desde arriba y otra desde abajo hasta el centro, y une ambos trozos. Haz todos los que desees y sujétalos con clavijas para formar grupos de pájaros.

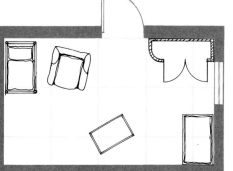

Escala: 1 cuadro = 1 metro

▽ *Muebles adaptables*
En un armario empotrado antiguo se han incorporado cajones y barras adicionales para adaptarlo a las necesidades de una habitación infantil. El tablero de la cómoda de madera es un buen lugar para cambiar al bebé y en los cajones inferiores pueden guardarse más objetos. Los dos muebles pueden pintarse del mismo color.

ALMACENAMIENTO

Pese a su diminuto tamaño, los bebés poseen multitud de pertenencias. El almacenamiento deberá estar bien planificado para que la habitación infantil —y la casa entera— se mantenga ordenada.

La mayor parte de las prendas infantiles se doblan, no se cuelgan, razón por la cual en los primeros días de vida del bebé una cómoda con cajones es más útil que un armario.

Adaptar estanterías en un nicho es más versátil y más barato que comprar una cómoda nueva: puedes elegir la profundidad y el espacio que se adapte a las variables necesidades, o transformar una cómoda oscura de segunda mano cubriéndola con una nueva capa de pintura.

Si te decides por un armario o ya hay uno empotrado en la habitación, es probable que en esta fase te resulte de mayor utilidad retirar la barra y llenar el interior de estanterías. Posteriormente podrás adaptarlo a las necesidades del niño quitando los estantes bajos para guardar juguetes, incor-

porar una barra, etc.

Otra opción es un arcón para mantas, que puede servir como asiento para guardar juguetes.

CALEFACCIÓN E ILUMINACIÓN

Es necesario que la habitación de un bebé esté caldeada, siendo la temperatura recomendada entre 18 y 21° C. En la actualidad, muchas casas tienen calefacción central pero, en caso de que no sea así, una alternativa es un calentador convector.

Un interruptor con graduación de la intensidad luminosa es de gran utilidad para la alimentación nocturna y para vigilar al niño.

Las luces en la pared o en el techo, fuera del alcance del bebé, son mejores que las lámparas de mesa.

Acostar a un niño en las noches estivales puede ser un problema: una buena solución son las cortinas de tela opaca y oscura, con un entreforro de material grueso, o la adición de una persiana que impida el paso de la luz.

Habitación con vistas

En esta habitación infantil, el bebé puede observar muchas cosas: una serie de objetos en las estanterías y un elemento móvil en la cuna. Y el interés adicional de un espejo grande y fijo en el que se refleja la habitación.

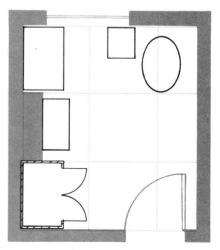

Escala: 1 cuadro = 1 metro

LA IDEA LUMINOSA

Necesidades variables
Con la inclusión de una cuna
grande que se transforma en
cama y algunas modificaciones, el
niño puede utilizar esta habitación
hasta llegar a la edad escolar.

SEGURIDAD

☐ No pongas almohadas a
los niños: podrían asfixiarse.
☐ No pongas barras en las
ventanas, por si se declara un
incendio.
☐ Pon cristales de seguridad
en las ventanas bajas o
cúbrelas con una rejilla de
seguridad.
☐ Cierra las ventanas para
impedir que los niños se
caigan.
☐ No pongas nunca la cuna o
la cama junto a un radiador.
☐ Coloca protecciones de
seguridad en todas las estufas
(incluidas las eléctricas y los
radiadores).
☐ No dejes nunca a un bebé
(tumbado o sentado) sobre
una mesa o un tablero.
☐ Pon muebles delante de
los enchufes o, aún mejor,
tápalos con cubiertas.
☐ Procura que los cables no
arrastren por el suelo.
☐ Pon una puerta en la parte
superior e inferior de las
escaleras.

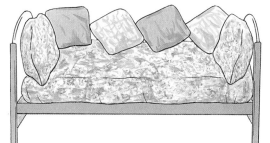

Una buena idea es una **cuna convertible** con un
colchón adaptable a más de una altura. Es mayor que las
normales y se transforma en una cama que el niño
podrá utilizar durante varios años.
☐ Tras los primeros días, el colchón se baja, quedando
los laterales unidos para evitar que el niño escale.
☐ Durante los primeros meses en la cama, una red
alrededor impedirá la caída del niño.
☐ Finalmente, con unos cuantos cojines puedes crear un
sofá para el niño. Si tienes más hijos, probablemente no
querrás transformar la cuna hasta que el más pequeño
pueda dormir en una cama.

△ Escena pintada

A los niños pequeños les gusta observar cosas interesantes. Aquí vemos una falsa ventana pintada sobre una pared blanca, en la que puede apreciarse un cielo tropical y pájaros exóticos.

◁ Recortes

Este decorativo reborde encima del zócalo se encuentra a la altura correcta para que el niño disfrute. Un toque individual consiste en cortar unos cuantos motivos y agruparlos por la pared.

Dormitorios y zonas de juego para niños

Un buen momento para evaluar el lugar donde duermen los niños es cuando llega el momento de trasladarse de la cuna a la primera cama —en torno a los dos años— especialmente si su dormitorio original es excesivamente pequeño para colocar una cama grande. Pese a que la proximidad al dormitorio principal es una cuestión prioritaria para un bebé, los padres preferirán que exista una cierta distancia para conseguir unos instantes de paz por las mañanas. Dependiendo de la disposición, lo ideal es que la habitación esté alejada del ruido del salón.

Si desde el principio has planificado la habitación del niño, los puntos más importantes son la seguridad, el sentido práctico y el atractivo visual, en ese orden.

Primero la seguridad. Los niños traviesos pueden lesionarse fácilmente, convirtiendo los objetos de diario en peligros potenciales.

La misma atención que prestas a la hora de comprar juguetes seguros, pinturas y lápices no tóxicos, etc., debes prestar al seleccionar los muebles y accesorios de su habitación. Elige muebles empotrados o de poco peso que no corran peligro de volcarse y no presenten bordes afilados; escoge pintura sin plomo para reparar una cómo-

da, una cama o una silla vieja, coloca cerraduras a prueba de niños en los armarios cuyo contenido desees que permanezca intacto, cubre los enchufes con cubiertas de seguridad, pon alfombras y alfombrillas antideslizantes, puertas de seguridad en las escaleras y pestillos de seguridad en las ventanas, de manera que su apertura quede limitada.

Asegúrate de que los juguetes estén al alcance de los niños pues, de lo contrario, se convertirán en montañeros al intentar llegar a ellos escalando armarios y estanterías. Si deseas proteger los libros y otros objetos de valor, guárdalos en otra habitación; si has de colocarlos en estanterías altas en la misma habitación, pon una escalera estable o un taburete para que los niños mayores puedan alcanzarlos sin peligro de caerse.

Un dormitorio mágico

Aparte de su evidente encanto, este delicioso mural pintado a mano es un estímulo para la imaginación infantil y un punto de partida de historias y juegos. Es posible obtener un efecto similar, aunque no tan original, con plantillas.

SÍES Y NOES

Siguiendo las instrucciones indicadas a continuación, la habitación de un niño resistirá los malos tratos.

Recubrimiento de las paredes. La habitación de un niño no es un lugar que necesite costosos acabados que posiblemente quedarán destrozados con un rotulador. Una pintura de vinilo lavable conservará su buen aspecto y no seguirá el mismo camino que los papeles pintados estampados infantiles. Los cuadros, pinturas o murales pueden presentar dibujos.

Recubrimiento del suelo. Las moquetas o alfombras en cuadrados son el sistema más idóneo para conservar el calor y la comodidad, aunque no el recubrimiento más duradero para un niño. Considera una alfombra barata (tal vez el retal de una moqueta de una habitación mayor), con una alta proporción de fibras sintéticas. Algunas reciben un tratamiento especial antimanchas. Las baldosas de corcho o de vinilo son más prácticas, pudiendo colocar encima alfombras lavables, pero siempre evitando

acabados muy brillantes. Procura que las alfombras sean antideslizantes.

Muebles. Los empotrados son una buena inversión, tanto por su seguridad como por el espacio que ofrecen. En un armario del suelo al techo tendrás todo el espacio necesario para colgar ropa pequeña, añadiendo varias estanterías en la parte inferior para zapatos y juguetes, que pueden ir eliminándose a medida que aumente la longitud de las prendas de vestir.

Si no te llega el presupuesto para empotrados, elige muebles independientes resistentes, con zonas para colgar prendas y cajones. Los muebles de un dormitorio infantil pronto se quedan pequeños; la remodelación de muebles antiguos es práctica y económica.

Compra una cama de tamaño estándar con un colchón de muelles y una protección de seguridad, no una «cama infantil». Y si deseas una segunda cama para visitantes ocasionales, las camas nido (donde una segunda queda empotrada bajo la principal), o tal vez un futón enrollado que se convier-

△ *Dormitorio y habitación de juegos*
Esta habitación está decorada en colores primarios: colores vivos y cometas de papel animan las paredes amarillas, en tanto que el suelo queda protegido con una alfombra.

Cuando dos niños comparten una misma habitación, las literas ahorran espacio, pero es mejor asignar la cama alta al mayor. Cajones bajos y una diminuta mesa completan el efecto combinado de dormitorio y habitación de juegos.

te en sofá, son preferibles a las literas.

Almacenamiento. Es muy raro que un niño sea ordenado, pero contando con mucho espacio de almacenamiento será posible mantener un poco de orden. Una buena combinación son cubos abiertos y estanterías, y cestos de plástico o mimbre.

Iluminación. Es más segura la iluminación permanente y fija en el techo. Las luces en las mesas o en las mesillas de noche sólo pueden utilizarse si el cable está oculto o fijo en la pared y el enchufe está cubierto, una labor que puedes hacer tú mismo.

△ Rayas de circo

En esta habitación compartida vemos que
bajo las literas hay espaciosas alacenas donde
guardar los juguetes, quedando el suelo
despejado para jugar.

La decoración es sencilla pero efectiva: las
paredes representan las rayas de la carpa de
un circo y los muebles están pintados en
azules. El suelo barnizado es resistente y fácil
de limpiar.

▷ Una alternativa a las literas

Cuando dos niños comparten un dormitorio, la
cama nido ahorra mucho espacio; todo lo que
se necesita es un sitio para guardar la
segunda cama. El entrepaño de la ventana
está cubierto con una película de plástico
transparente que mantiene en su sitio un
cristal roto en caso de que se produzca un
accidente.

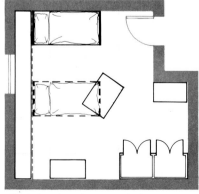

Escala: 1 cuadro = 1 metro cuadrado

△ Una habitación en la que crecer

Los gustos de los niños varían a medida que van creciendo, y cambiar de arriba abajo el dormitorio infantil para adaptarse a dichos cambios puede salir muy caro.

Este dormitorio es eminentemente práctico. La decoración básica es sencilla y se adapta a niños de todas las edades. Su aspecto es alegre gracias a los colores vivos. De forma similar, los muebles son adaptables: el gran sillón de mimbre resulta cómodo para adolescentes o adultos, pese a que los cojines son confortables para los niños pequeños, y la cómoda bajo las ventanas puede transformarse en un tocador. La mesa baja de plástico sirve para pintar, recortar o tomar el té.

▷ Animales del bosque

La ropa de cama especialmente diseñada para niños da un toque especial a un dormitorio infantil y no es cara. Existe una amplia variedad de colores y diseños entre los que elegir, a veces con personajes de libros o películas: es una buena idea que el niño escoja sus favoritos, una forma de que vaya gustosamente a la cama.

UN LUGAR DONDE JUGAR

Cuando los niños empiezan a tener amigos les agrada pasar más tiempo jugando con ellos en sus habitaciones. Un dormitorio confortable y estimulante fomentará su recién estrenada independencia.

A medida que crecen, los niños desean contribuir con sus propias ideas sobre decoración, insistiendo en la presencia de los personajes de sus películas o libros favoritos. Pero dado que sus gustos cambiarán, más vale incluir elementos baratos (como cuadros o pantallas) sobre un fondo liso, pero luminoso.

Para que las habitaciones infantiles resulten confortables es preciso adaptarlas a las múltiples actividades desarrolladas durante el día. La asignación de zonas independientes para distintos pasatiempos estimula en los niños el desplazamiento de una a otra. Desearán exponer sus creaciones clavándolas en una pizarra o en una pared de corcho (los elementos de fijación con pegamento son más seguros que las chinchetas).

▷ *Una disposición práctica*
Bajo el riel del rodapié, el papel anaglíptico, pintado con pintura resistente al agua, protege las paredes de esta diminuta habitación. Una atractiva alfombra lavable cubre la resistente moqueta.

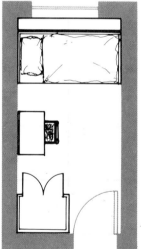

Escala: 1 cuadro = 1 metro cuadrado

◁ *Gran demanda de espacio*
A menudo, la única forma posible de que los niños tengan su propia habitación es dividiendo una grande en dos pequeñas. Aquí, una mesa bajo la ventana ofrece un luminoso lugar para pintar o dibujar, y la cama a lo largo de una pared combina con armarios bajos a lo largo de la otra.

63

▷ Mantener el orden

Éste es un magnífico sistema de almacenamiento ajustable, que estimulará en los niños el deseo de mantener razonablemente ordenadas sus pertenencias. Asimismo es resistente para mantener un buen aspecto.

Otras alternativas alegres y económicas son los cajones o los cestos de rejilla, o las bandejas metálicas, donde juguetes, juegos y libros pueden guardarse y quedar a la vista.

▽ Almacenamiento improvisado

En este dormitorio infantil se ha instalado un tablero de melamina fácil de limpiar (como los que se utilizan en la cocina) para que el niño desarrolle actividades de pintura, dibujo y modelado.

Una caja de almacenamiento con ruedecillas es fácil de guardar debajo del tablero. Tanto uno como otra están adornados con un animado reborde lavable.

Un taburete seguro es una bendición para que los niños lleguen a los lugares donde no alcanzan. Con un taburete de plástico, estable pero ligero, los niños pueden meterse en el baño o llegar al lavabo para lavarse los dientes. Tiene múltiples usos en el hogar: sentarse ante una mesa baja para dibujar o pintar, ver la televisión, o para que los niños introduzcan sus juguetes en un cajón alto.

Dormitorios infantiles: para niños de cinco a doce años

Al igual que nos sucede a todos, los niños en ocasiones necesitan alejarse del resto de la familia, escapar a un lugar al que realmente puedan llamar propio.

En una casa de tamaño medio, dos niños tendrán que arreglárselas compartiendo una habitación pequeña, mientras que un tercero contará con un dormitorio poco mayor que una caja. Y normalmente, la habitación infantil será también la destinada a juegos, lo cual significa que debe utilizarse al máximo el espacio disponible. Tendrá que haber sitio para colgar la ropa, guardar juguetes, juegos, libros y otra parafernalia, así como para una cama. Y lo ideal es que haya espacio para una superficie de trabajo o una mesa y una silla.

Los muebles infantiles han de ser prácticos, pero atractivos, y su tamaño debe adaptarse a las necesidades del niño durante algunos años. No merece la pena gastar dinero en unos muebles diminutos para un crío de cinco años que no sirvan cuando éste alcance la edad de ocho o nueve.

Una buena opción es un armario empotrado de pared a pared, puesto que el interior puede adaptarse a las variables necesidades del niño. Al principio conviene colocar barras dobles a un lado, de manera que la inferior quede a su alcance. En el otro lado pueden ponerse cajas o cestas de almacenamiento al ras del suelo para los juguetes, con estanterías encima para las prendas de vestir, la ropa de cama, etc. Posteriormente puede quitarse la barra inferior y se ocuparán algunas de las estanterías.

Las camas pequeñas específicamente diseñadas para niños pequeños son un gasto inútil: la mejor inversión es una cama de tamaño natural. Las literas son muy populares. En una habitación compartida, queda más zona de juego y, tratándose de una individual, la segunda cama sirve para invitados.

La seguridad es lo primero. Un niño menor de cinco años no debe ocupar nunca la litera superior. Es necesario colocar una protección adecuada y la escalera tiene que estar fija.

Muchos cristales y unos niños muy activos es una combinación imposible. Procura que las ventanas de una habitación infantil no queden por debajo de la cintura; si es inevitable, pon cristales de seguridad o aglomerado en los entrepaños inferiores y añade una barra atravesada o por encima del nivel de la cintura. No coloques los muebles de manera que los niños puedan subirse encima y caerse por la ventana.

Instala protecciones de seguridad sobre los radiadores y no utilices nunca un calentador individual en un dormitorio infantil. Evidentemente, las estufas han de estar bien protegidas. Los cables eléctricos por el suelo son peligrosos ya que actúan a modo de cables trampa, y los enchufes deben estar cubiertos o colocados fuera del alcance de un niño pequeño.

Luz y brillo
Una luminosa habitación individual y una alegre combinación de colores pastel. El gran armario ofrece mucho sitio para guardar objetos, y la espaciosa mesa tiene cajones para papeles, plumas y lápices.

△ **Habitación para la danza**
Un armario grande con espejo en las puertas guarda las prendas de vestir de esta pequeña aficionada al ballet. La barra se apoya sobre unos ganchos de plástico atornillados en la pared a ambos lados del armario.

En la combinación de colores predomina el amarillo y el blanco, junto con el azul oscuro.

Una característica poco frecuente es el dosel de la cama. Un extremo de la tela se recoge en una barra que se engancha a la pared sobre el cabecero mediante cáncamos roscados. Los cáncamos se fijan a las viguetas del techo en las cuatro esquinas de la cama, de donde sale una cuerda que sujeta las barras. Sobre las barras se extiende la tela que llega hasta los pies de la cama.

PINTURA Y PAPEL

Decorar un dormitorio infantil es realmente divertido, siendo ésta una zona en la que puedes mostrarte más audaz que en otras partes de la casa.

Bien que pueda parecer obvio, debes consultar con tu hijo o tu hija sus ideas, pues no olvides que será él o ella quien utilice el dormitorio. Si tiene alguna afición o interés en particular, utilízalo como tema, pero sin excederte porque pronto olvidará el capricho.

Otra dificultad es presentar un proyecto excesivamente terminado y coordinado, sin que quede nada para que el niño imprima su propia personalidad.

Ideas decorativas. Sea cual sea la decoración que elijas, opta por superficies lavables que te facilitarán las labores de limpieza. Existen diversos recubrimientos de paredes y rebordes específicos para niños, siendo también adecuados muchos de los destinados a adultos.

Una zona con una pizarra blanca o negra, con tizas o rotuladores, dará lugar a la libre expresión, siendo fácil su limpieza, y el niño podrá colgar dibujos o carteles en un panel de corcho.

▽ Galería de arte

Una nueva concepción con la misma disposición básica sobre una tela geométrica fuerte, que cubre el cabecero, la base del diván y oculta un viejo sillón. Los colores de la tela se repiten en una pared, la mesa, la silla y la ropa de cama. Otra pared está forrada con baldosas de corcho para colocar dibujos, convirtiéndose en una galería de arte.

LA IDEA LUMINOSA

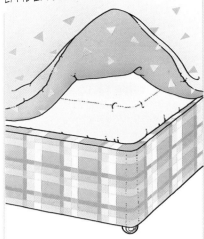

Cubre la base del diván con una tela fuerte para muebles que haga juego con la habitación. Fíjala con grapas en la parte inferior de la base. Es una alternativa a una doselera.

Escala: 1 cuadro = 1 metro

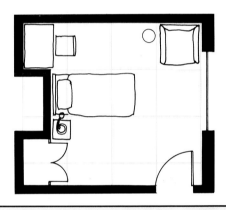

INGENIOSA COLOCACIÓN DE LAS CAMAS

En una familia con dos o más hijos, los niños deben compartir el dormitorio. Aunque la habitación sea grande, las literas son la mejor opción cuando ambos juegan, leen, trabajan y duermen en el mismo lugar.

▷ Una zona elevada

En cuanto a las literas, no hay problema si el uso de la habitación se limita a un solo niño, pero una disposición como ésta tiene sus ventajas. En este caso, la cama, el armario, la mesa y la librería ocupan el espacio de una cama individual. Es un sistema muy adecuado para un dormitorio pequeño, ya que queda sitio para expansionarse y, tratándose de una habitación un poco mayor, para una segunda cama.

▽ Pensar en compartir

Aquí la mesa es lo bastante grande para dos, habiendo espacio suficiente para que un niño juegue en el suelo mientras el otro trabaja o lee un libro en el sofá.

Los muebles metálicos tubulares y los colores claros elegidos para esta sencilla habitación crean la ilusión de mayor espacio.

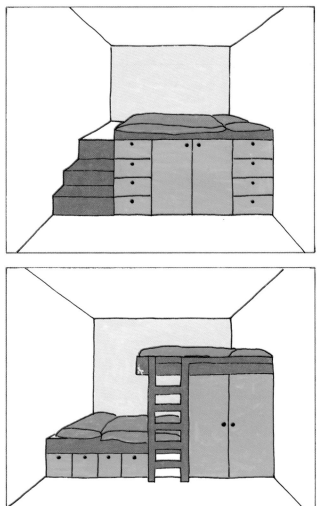

△ **Camas superpuestas**
En una habitación demasiado pequeña para colocar las camas en ángulo recto, este sistema ofrece dos plataformas para dormir, así como un armario y cajones bajo la cama inferior.

▷ **Estructura metálica resistente**
Un sistema de literas, escalera de acceso y estanterías utilizando un andamio. Una idea sólo para niños con pie firme (es fundamental que no introduzcan la cabeza entre los barrotes).

◁ **Plataforma para dormir**
Una idea magnífica para ahorrar espacio es colocar la cama encima del armario y los cajones, con escalones enmoquetados en un lateral.

▽ **Almacenamiento en el armario**
La resistente puerta del armario, con fuertes bisagras, se compone de peldaños que forman una escalera. Hay estanterías detrás y a los lados de las literas.

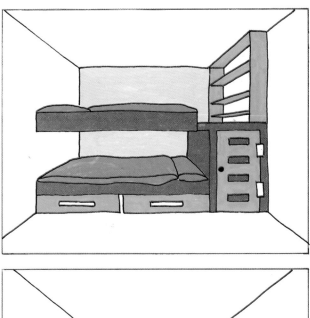

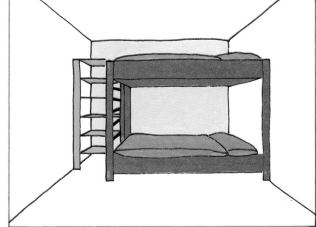

◁ **Cama-asiento**
Las camas con plataformas bajas colocadas en ángulo recto forman un agradable rincón para dormir o descansar. Las fundas acolchadas confieren pulcritud al sofá, con montones de cojines para incrementar la comodidad.

La sensación de espacio es mayor gracias a la combinación de tela y papel con pequeños dibujos en azul y blanco. En cuanto a dibujo y al color, destacan la tela sobre la pared, los cojines y las colchas a cuadros.

Las camas están juntas para que las utilice más de un niño, pudiendo compartirlas con un invitado ocasional.

▷ **Visita ocasional**

A los niños les encanta que sus amigos se queden a dormir por la noche, pero una persona sociable puede tener problemas con una habitación pequeña como la de esta buhardilla. Una solución es una cama nido, en la que la inferior se extrae cuando es necesario y permanece oculta cuando no se utiliza, quedando espacio para jugar.

◁ **Juguetes ordenados**

En esta familia no habrá problemas a la hora de retirar los juguetes por la noche, ya que quedarán ocultos tras este alegre biombo. Durante el día es un espléndido tablero o una casa de juguete. Su fabricación es sencilla y su decoración divertida, con imágenes o dibujos pintados o cortados de un cerco o un friso y protegidos con varias capas de poliuretano, fáciles de limpiar.

▷ **Para colocar libros**

Un buen sistema para guardar libros y objetos varios es instalar muchas estanterías en los laterales y encima de la puerta de entrada, colocando los menos utilizados en la parte superior. En esta habitación, el armario empotrado termina cerca de la puerta, un espacio que de otro modo quedaría desperdiciado.

Un punto interesante es pintar las molduras de las puertas del armario del color del cerco del papel pintado y cortar motivos para decorar los entrepaños de las puertas superiores.

Dormitorios juveniles: de 12 a 17 años

Existen abundantes tópicos y anécdotas sobre el tema, pero un hecho irrefutable es que los adolescentes son desordenados, ruidosos y desorganizados a la hora de adaptarse a la vida familiar. Para enfrentarse a adolescentes de 12 a 17 años casi siempre se requiere prudencia, cooperación y, sobre todo, paciencia.

Procura anticiparte al futuro. Haz los cambios pertinentes antes de que te veas obligado a ello y toma decisiones juntamente con tus hijos adolescentes para evitar una oposición a tus deseos.

Ante todo recuerda que están próximos a la madurez y que —con razón— desean intimidad y la oportunidad de expresarse a su manera (aunque sus gustos no coincidan con los tuyos). De los adultos depende disponer las cosas con discreción para conseguir paz y equilibrio.

Por lo tanto, planifica, al igual que con todas las habitaciones de la casa. Los ado-lescentes querrán entretenerse. ¿Va a ser en sus propios dormitorios, o estáis dispuestos (tú y ellos) a compartir el comedor con sus amigos? ¿Dónde van a trabajar? Es justo que cuenten con un lugar tranquilo. ¿La moderna música popular va a escucharla toda la familia, o quieres mantenerla alejada?

Empieza estudiando las opciones. Tal vez los niños han estado compartiendo un dormitorio y ahora reclaman habitaciones independientes. ¿Puede hacerse? ¿Podría adaptarse un garaje o un desván? ¿Puedes situar las habitaciones de los jóvenes lejos de las zonas familiares comunes y el dormitorio principal para reducir al mínimo las distracciones derivadas del ruido?

Práctica pero individual

En este dormitorio/estudio, dos estanterías altas, una de las cuales incluye una mesa plegable, flanquean una mesa. Los muebles de madera y las paredes lisas realzan los accesorios estampados.

△ Flexible y colorido

Los accesorios y muebles de colores vivos confieren un aspecto juvenil a una habitación básicamente lisa y de colores pálidos. Un taburete circular y varios cojines grandes, cuyas fundas presentan diseños geométricos, ofrecen asientos flexibles y confortables para los jóvenes.

Los objetos guardados quedan ocultos a la vista: un cesto de mimbre con un cojín encima, cajones bajo la cama elevada y una cómoda en un nicho. Un tablero largo clavado a la pared hace las veces de mesa.

LA IDEA LUMINOSA

Una mesa práctica es fundamental en la habitación de un adolescente. En la base de esta improvisada mesa pueden guardarse objetos varios, resultando práctica y elegante. En la parte superior de los cestos de rejilla revestidos de plástico se coloca un tablero de cocina resistente al desgaste. Los cestos ofrecen mucho espacio para guardar objetos de escritorio, archivos, papeles y libros, y la silla a juego puede plegarse cuando no se utilice.

De igual manera pueden emplearse caballetes o archivadores. (Es posible reparar los archivadores viejos y rayados con una capa de pintura de color en spray).

HABITACIÓN MULTIFUNCIONAL

La habitación de un adolescente es más que un dormitorio. Es también sala de estar y estudio, razón por la cual debe amueblarse teniendo en cuenta la flexibilidad.

La cama ocupa una extensa zona y en ella se acumulan trastos durante el día. En habitaciones pequeñas, debes considerar camas en las que el espacio superior e inferior pueda utilizarse de forma práctica. El sofá o las camas turcas no tienen por qué ser la mejor opción, ¿cuántos adolescentes se hacen la cama por la mañana? Son mejores aquellas que llevan incorporada una mesa o armarios para guardar objetos.

Las sillas deberán tener capacidad para soportar los malos tratos a los que las someten los adolescentes. Los taburetes cilíndricos o los cojines grandes en el suelo son modernos y perfectos para repantigarse. La cama diván puede hacer las veces de asiento para más de una persona.

Una mesa. Todos los adolescentes necesitan estímulo para estudiar, siendo fundamental contar con una mesa bien iluminada y con sitio para guardar objetos varios. Si hay que incluir un ordenador, es aconsejable un tablero independiente pues, de lo contrario, en la mesa se acumulará toda una parafernalia informática y el estudio sufrirá las consecuencias. No olvides que los discos, cintas y demás software necesitan un lugar seguro donde no puedan quedar doblados, pisoteados ni enterrados.

El equipo de música de nuestros días puede ser muy compacto y, casi con toda seguridad, constituirá un elemento indispensable en la habitación de cualquier adolescente. Instalado en la pared, ahorrará espacio, y prácticamente todos los equipos se colocan en columna. Procura colocar el equipo de sonido junto a un asiento

△ *El escondrijo de un adolescente*
Los sistemas de muebles desmontables adquieren múltiples formas. El que se ha utilizado en esta habitación lleva incorporada una mesa y pequeños cajones bajo una litera. Otras alternativas pueden ser un sofá o un armario, además de la zona de trabajo y la cama.

Almacenamiento. Si quieres ganar la batalla contra la suciedad, procura que haya espacio suficiente para todos los trastos que nunca se tiran, además de prendas de vestir y libros. Los baúles antiguos bien conservados (y modernizados) pueden hacer las veces de asiento y son amplios. Adapta un armario o una cómoda de las mayores dimensiones posibles. Cuando insistas en hacer limpieza, por fin habrá un lugar en donde guardar todo.

◁ **Elegante coordinación**
Este dormitorio destinado a una chica es práctico a la vez que delicioso. El precioso papel pintado combina con la tela de las persianas, las cortinas, la colcha y los cojines, creando un aspecto unificado.

En el estante de madera natural que se prolonga debajo de la ventana y alrededor de la cama pueden colocarse objetos diversos, en tanto que gracias a la cama nido, no hay problemas para que se quede un invitado a pasar la noche.

▽ **Zona para las aficiones**
Siempre que sea factible, merece la pena estimular las aficiones de los adolescentes procurando que tengan un rincón donde practicarlas. Este jovencito puede desarrollar su interés por la química y la informática ya que cuenta con un amplio espacio de trabajo y estanterías en un nicho.

DECORACIÓN RESISTENTE AL DESGASTE

Es preciso que los accesorios, el suelo y los recubrimientos de las paredes del dormitorio de un adolescente sean resistentes y presenten un fondo neutro para poder adaptar los cambios de gustos.

La insonorización es un punto importante. Las charlas nocturnas de los jóvenes junto al dormitorio principal son una molestia para todos, para ellos porque saben que les oyes, y para ti... porque realmente les oyes. Cambiar las puertas huecas por puertas macizas, o llenar una pared de libros reduce considerablemente los niveles de ruidos.

Paredes. La pintura es el mejor recubrimiento para una pared, porque resulta fácil cambiarla y adaptarla a las diversas modas. Asimismo puede forrarse de corcho. Es un magnífico lugar para colgar con facilidad carteles, notas recordatorias y certifica-

dos. También ayuda a reducir el nivel de ruidos.

Suelos. Deben ser muy resistentes. Una alfombra doméstica estándar, salvo que sea de gran calidad, acabará hecha un guiñapo. Las moquetas utilizadas en las oficinas son muy duraderas, blandas y se limpian fácilmente.

Los suelos de madera con alfombras dispersas resultan atractivos, pero no si el dormitorio del adolescente se encuentra directamente encima de una habitación en la que desees paz y tranquilidad. Las baldosas de corcho y linóleo son prácticas, resistentes al desgaste y atractivas.

En ocasiones es recomendable una alfombra de fibra de coco, ya que es barata y duradera, pero cuidado porque almacena polvo y tendrás problemas a la hora de eliminar la suciedad, incluso con el mejor limpiador, siendo necesario cambiarla periódicamente.

△ **Flexibilidad**
Con muebles independientes es fácil transformar la habitación para adaptarla a las variables necesidades. Este estilo de muebles es válido para casi todos los dormitorios, adquiriendo un carácter individual gracias a los alegres accesorios y cuadros, y al edredón cuyas atrevidas rayas se repiten en los colores de la persiana veneciana.

▷ **Nostalgia**
Este dormitorio lleva impreso un sello muy personal gracias a las diversas lámparas recubiertas con colgaduras festoneadas. El tablón además está atestado de tarjetas postales y recuerdos. Las paredes y los muebles se han pintado en tonos pálidos para crear un marco de tranquilidad.

OPCIÓN PARA UN ADOLESCENTE

Los adolescentes tienen ideas firmes e independientes en cuanto al buen gusto y al mal gusto. Pese a que en determinados casos será posible convencerles, tendrás que ceder respecto a algunas cuestiones, por ejemplo, la elección de una costosa alfombra. Cuando los cambios sean más sencillos, lo mejor es concederles carta blanca al respecto. Al fin y al cabo, uno de los mejores sistemas de aprendizaje es el de prueba y error.

Por ejemplo, la combinación de colores puede ser un campo comprometido. Hoy en día, los colores chillones son muy adecuados, ¿pero qué sucederá cuando pasen de moda? El recubrimiento en tonos fuertes supone un gran trabajo, además de costoso, ya que se requieren varias capas de pintura. Así pues, pese a que la selección de colores debe correr a cargo de los adolescentes, haz que se lo piensen unos instantes antes de agarrar la brocha.

De forma similar, los accesorios, el mobiliario y la ropa de cama son más baratos que los muebles, por lo que es más sencillo cambiarlos en caso de que pasen de moda.

Con un poco de paciencia, persuasión y tolerancia, llegarás a un acuerdo.

Estudio dormitorio para jóvenes

La vida en alto

Una buhardilla es un lugar perfecto para un dormitorio multiusos. En la fotografía superior vemos una elegante sala de estar, con zonas de almacenamiento con todo tipo de objetos, desde libros hasta un equipo de música.

Este sistema modular se complementa con una cama plegable, que vemos en la fotografía inferior, ganando espacio al suelo durante el día.

Llega un momento en la vida de un joven en que se acepta de buen grado la oportunidad de que empiece a independizarse. Al inicio de la veintena, los jóvenes necesitan espacio para poder vivir sus propias vidas, con su familia a mano a modo de apoyo por si acaso.

Un estudio-dormitorio en el hogar familiar ofrecerá a un estudiante o a un joven que haya empezado a trabajar la intimidad necesaria para llevar una vida autosuficiente.

Es preciso que lo hables con tu hijo o tu hija, ya que un joven no aceptará que le presenten las cosas como un *fait accompli*. Pese a que a esta edad los gustos son más sofisticados que al inicio de la adolescencia, te hará falta un poco de dirección táctica, sin extremos estilísticos, si vas a reformar el cuarto una vez desalojado. El respeto mutuo es importante. Es posible que un joven que haya empezado a trabajar recientemente desee imprimir sus toques personales o incluso contribuir con una aportación económica a los gastos de decoración.

La gran división

Es preciso planificar detalladamente un lugar combinado para vivir y dormir de forma que el conjunto resulte adecuado. Puede utilizarse algún tipo de división para separar los ambientes de una habitación. En la fotografía vemos que la zona de dormir queda separada, en tanto que el resto ofrece sensación de espacio y presenta estanterías para la exposición de objetos diversos.

PREPARACIÓN DEL ESCENARIO

A efectos de estimular la sensación de independencia, lo ideal es que el estudio-dormitorio esté retirado del resto de la familia. Las buhardillas son adecuadas a modo de vivienda unipersonal; indudablemente a cualquier joven le encantará el ambiente de una buhardilla y subirá las escaleras a zancadas. En un lugar un tanto alejado de las zonas comunales será preciso adaptar algún tipo de comunicación, como una campana. Si se encuentra dentro del complejo familiar, deberá ser zona prohibida para los hermanos pequeños.

Los accesorios convencionales no serán ni necesarios ni apropiados, y el diseño ha de ser sencillo. Por supuesto, correrá a cargo del joven la responsabilidad de arreglar y limpiar la habitación.

Para vivir, dormir y comer en un lugar pequeño se precisa de una detallada planificación. Existen diversas opciones: una cama-asiento, como un futón, que puede enrollarse o plegarse formando un asiento durante el día. Las camas plegables o abatibles dejan mucho espacio, o la cama diván, con sitio para guardar objetos en la parte inferior, y grandes cojines en la parte superior para sentarse con los amigos. En una habitación de techos altos, un proyecto más ambicioso para ahorrar espacio puede ser una cama elevada con plataforma tubular y almacenamiento debajo.

VIDA AUTOSUFICIENTE

Pese a que el ocupante pasará grandes momentos con la familia a las horas de comer, su autosuficiencia quedará patente si cuenta con su propio servicio de alimentación.

El equipo existente puede consistir en un plato básico para los aperitivos y una tetera para las bebidas calientes, o en una minicocina completa.

Sería ideal contar con un baño o una ducha independiente.

Existen en el mercado diminutos baños y duchas plegables que ocupan poco espacio en una habitación multiusos.

Y una ducha o baño adicional será útil cuando el ocupante haya desalojado la habitación.

Si no es posible adaptar instalaciones independientes y el joven tiene que compartir el baño con la familia, procura que cuente al menos con un lavabo.

Es muy probable que tu hijo o tu hija sean seres mucho más civilizados en su juventud que en su anterior época de adolescencia, pero adelántate a los conflictos que puedan surgir con las zonas problemáticas.

Establece desde un principio normas muy estrictas con respecto a los niveles de ruidos. Una puerta bien ajustada a prueba de corrientes, unas cortinas gruesas, paredes enmoquetadas y esteras aislantes en el equipo electrónico, todo esto, evidentemente, ayudará a amortiguar los ruidos y el resto de la gente que vive en la casa lo agradecerá. Los aficionados a la música deberán utilizar cascos cuando la familia desee paz y tranquilidad, ya que las propiedades de insonorización de las moquetas, las estanterías y los accesorios lamentablemente no llevan el elemento básico incorporado.

No te conviene gastar demasiado dinero en las paredes, especialmente si sabes que van a quedar cubiertas por carteles, fotos de ídolos del momento y programas de teatro, cine y conciertos.

Elige una pintura oleosa con acabado perfectamente satinado muy resistente.

Diseños en un espacio

El almacenamiento es un factor importante en una habitación multiusos. Un amplio armario empotrado es una de las formas más económicas de almacenamiento, pudiendo servir al mismo tiempo de vestidor. Pintando los muebles y las paredes con los mismos tonos suaves, el dormitorio adquiere un aspecto coordinado.

◁ **Cambio de lugar**
Una fila de archivadores altos ofrecen un inapreciable lugar de almacenamiento y se utilizan a modo de elemento divisorio de un vestidor en el que vemos un perchero. En la zona destinada al cuarto de estar el impacto es magnífico gracias a los grandes cojines y a la colcha de vivos colores.

▷ **La flexibilidad del futón**
Un futón es una opción versátil para una vivienda unipersonal, siendo muy popular entre los jóvenes que gustan de muebles informales y poco convencionales. Para guardar la ropa de cama durante el día podría utilizarse un arcón para mantas o una cómoda antigua de pino, que serviría asimismo de mesilla de noche.

GUARDAR LOS EFECTOS PERSONALES

La organización de las pertenencias en un estudio-dormitorio supone un verdadero reto. Pese a tratarse de un estilo de vida provisional, el orden es importante, ya que la informalidad puede dar lugar al caos. Planifica desde el principio un sistema de almacenamiento general, de manera que el suelo no esté atestado de trastos.

Examina primero la disposición y considera cómo va a utilizarse la habitación. Comenta la posibilidad de delimitar zonas para distintas funciones —vivir, dormir, comer— y planifica el almacenamiento en consecuencia. Si hay escasez de espacio, puedes reunir y guardar todos los elementos necesarios en un armario grande.

Las estanterías por elementos no son caras; los estantes abiertos pueden utilizarse para colocar libros, un equipo de música y adornos, y cubrir una parte en la que se guardarán otras pertenencias más reservadas. Los sistemas de cables son adecuados para colgar las prendas de vestir.

Los módulos son una opción flexible para una vivienda unipersonal, ya que es posible colocarlos en una pared o utilizarlos a modo de elementos divisorios. El joven puede investigar nuevas formas de almacenamiento, como los elementos aparecidos en los catálogos de proveedores de accesorios para hospitales, tiendas y oficinas. Por ejemplo, en la actualidad existen archivadores de colores vivos. Un armario pequeño podría utilizarse a modo de mesilla de noche, y tres o cuatro unidos servirían como de separador. Coloca las pertenencias de mayor peso en los cajones inferiores para mantener la estabilidad de los armarios.

Estilo juvenil

Transformación de una buhardilla en la que se refleja alegremente la personalidad de su joven ocupante. Debido al almacenamiento al descubierto todo queda a la vista, desde libros hasta osos, así como las necesidades más prácticas. Las persianas venecianas pueden bajarse a la hora de comer y levantarse para crear sensación de espacio. El amarillo vivo alegra la habitación.

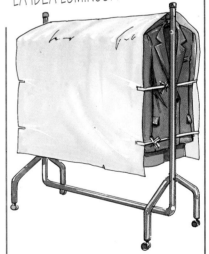

Funda para prendas de vestir.
En ocasiones un armario es un
mueble excesivamente grande y
pesado para incluirlo en una
habitación multiusos. Una
alternativa flexible y económica es
un perchero de los que se utilizan
en las tiendas de ropa. Puedes
protegerlo del polvo mediante una
funda atada en los extremos
mediante cuerdas.

△ Abundancia de colores

Hemos reunido esta extravagancia de dibujos
y colores luminosos con gran entusiasmo y
convicción. El cuidadoso empleo del azul por
doquier apacigua la llamarada de colores. En
esta habitación vemos múltiples detalles
imaginativos que un joven podría utilizar
adecuadamente: cubrir los muebles antiguos
con bellas telas y pintar las baldosas del suelo
y las sillas de manera que combinen con el
conjunto. La habitación refleja la exuberancia
de la juventud, pero no es para cobardes.

▷ Autosuficiencia

Una minicocina completa: ocupa un espacio
de tan sólo 600 mm x 100 mm y lleva
incorporada una pila con escurreplatos, una
cocina con dos fuegos, un pequeño frigorífico y
un armario para guardar objetos. Si quieres un
poco más, piensa en la posibilidad de
incorporar un microondas en la pared de
encima. El conjunto puede quedar oculto en el
estudio-habitación.

Habitación de invitados

Los invitados se sentirán bienvenidos gracias a los pequeños detalles, no a los lujos como un baño dentro de la habitación. Complace un poquito a las visitas. Si se trata de niños, prepara una caja de juguetes, un cajón con plastilina, lápices y rompecabezas. En cuanto a los invitados que se levantan pronto y se acuestan después que el propietario de la casa, pon a su disposición un servicio de té y una televisión o una radio.

Un gran jarrón con flores aromáticas (especialmente si proceden de tu propio jardín) hará que se sientan realmente especiales.

Invitar a amigos o familiares a casa puede ser un placer, pero es preciso pensar detenidamente en todo lo necesario para que la visita resulte agradable para ellos y poco problemática para ti. En muchas casas hay espacio suficiente para destinar una habitación a las visitas. En ocasiones, el cuarto de invitados debe adaptarse también a otros menesteres pero, con un poco de imaginación, los distintos usos que se haga del mismo pueden combinarse a la perfección.

El ambiente de una habitación de invitados es un elemento importante. Para que el recibimiento sea caluroso, la habitación debe ser fresca y acogedora, no de estilo recargado. Crear un entorno agradable no implica un fuerte desembolso económico. No tienes que gastar demasiado en muebles, pero tampoco utilices la habitación como almacén donde amontonar objetos diversos procedentes de otras partes de la casa.

Los invitados han decidido pasar algún tiempo en tu hogar, pero no debes erradicar todo rastro de personalidad de la habitación. Un entorno insípido y anónimo al estilo de un hotel no ofende a nadie, pero tampoco produce gran satisfacción.

Un refugio provisional
Un entorno fresco y acogedor, sin el desorden que normalmente se encuentra en una habitación de sobra. Si tienes espacio, las camas dobles ofrecen una máxima flexibilidad a la hora de dormir los invitados.

Y AHORA A LA CAMA

La cama puede convertir el sueño de un invitado en una delicia o en una pesadilla, por lo que debe ser uno de los primeros puntos a considerar. ¿Normalmente recibes parejas? ¿O niños? ¿Qué es mejor una cama de matrimonio o dos individuales? Las camas individuales son más flexibles porque pueden emplazarse fácilmente de distintas formas.

Prueba a colocar las camas individuales de diversas maneras, tal vez en ángulo recto, no una al lado de otra. Algunas camas individuales se juntan por comodidad; y también tenemos las camas nido, pudiendo sacar la de abajo cuando sea necesario.

Entre las camas de matrimonio se incluyen los sofás-cama, en donde duermen una o dos personas, y las sillas-cama, para una sola persona. Ten en cuenta las camas turcas para que quede espacio libre, o las camas mueble, que se pliegan y quedan ocultas en la pared. Los futones pueden convertirse en asiento y desenrollarse formando una cama. Resultarán cómodos después de ahuecarlos. Pero no olvides que las personas mayores pueden tener problemas con las camas bajas.

Dado que en algunos sofás-cama se utiliza un edredón nórdico como funda de día, debes buscar un lugar donde guardar la ropa de cama. Un arcón para mantas es ideal, ya que puedes guardar en ella mantas adicionales para las noches frías y utilizarla a modo de mesilla de noche. Coloca una lámpara encima con un enchufe cerca.

△ Dobles
Si los divanes forman ángulo recto, queda más espacio libre que colocándolos uno junto a otro. Y si añades unos cojines y unas fundas, puedes utilizarlos a modo de asiento durante el día.

▽ Dos en uno
Las camas individuales pueden utilizarse como dos sencillas o una doble, a gusto de los invitados. Una buena idea es incluir una radio o un televisor, especialmente si su estancia va a ser prolongada.

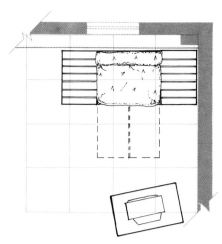

Escala: 1 cuadrado = 1 metro cuadrado

Un hogar agradable

La acogedora habitación que vemos abajo
refleja la personalidad del dueño de la casa.
Una cómoda es un mueble especialmente
versátil para una habitación de invitados, y
algunos elementos adicionales como las
plantas la convierten en un hogar provisional
muy confortable.

Como alternativa a la cama de mimbre, un
futón (a la derecha) sirve para dormir o para
sentarse. La lámpara con interruptor de
intensidad graduable está situada de manera
que pueda utilizarse para leer por la noche o
como iluminación general. Y además, un
televisor.

DOBLE PLACER

Si en la casa no hay espacio para un cuarto de invitados, puedes amueblar una habitación de doble uso, es decir, que las posibles camas sirvan de asiento para la familia durante el día.

En una habitación de doble uso es probable que no quieras inundar el espacio disponible con un armario o una cómoda. Cabe la posibilidad de colocar una cortina divisoria para colgar la ropa de los invitados y estanterías para objetos varios, etc. Si deseas conservar una zona para la familia, defínela claramente. En habitaciones pequeñas, bastará con un perchero o una serie de perchas detrás de la puerta para los visitantes.

Elige muebles versátiles para otros fines: un arcón para mantas puede utilizarse como mesilla de noche o mesa supletoria, o una mesa convertirse en cómoda añadiendo un espejo sobre el tablero.

No es probable que el propietario de la casa pueda ofrecer a sus invitados el lujo de una habitación con baño. Si van a compartir el servicio con la familia, indícales las horas de mayor ajetreo para que puedan utilizarlo cuando esté desocupado. Un lavabo oculto tras un biombo facilitará la afluencia al baño, algo que sin duda la familia utilizará en otros momentos. Mantén calientes y secas las toallas de los invitados en una barra junto al radiador.

Finalmente, antes de recibir visitas, prueba el cuarto de invitados durmiendo en él una o dos noches.

△▷ **La ropa de cama abajo**
Un sofá-cama es especialmente adecuado para una habitación de doble uso, ya que se transforma rápidamente cuando hay invitados y sirve asimismo de asiento. El mecanismo de los sofás-cama modernos es más sencillo que el de los primeros modelos. Si hay escasez de espacio, compra un sofá-cama bajo el cual haya una zona de almacenamiento.

△▽ Estilo barco

Otro proyecto versátil que puede utilizarse de día y de noche. Una litera estilo barco es un lugar atractivo para dormir, con cajones incorporados donde se guarda la ropa de cama durante el día. Con esta disposición, los invitados pueden dormir perfectamente por la noche, convirtiéndose en una sala de estar para la familia.

▽ Un estilo único

Los elementos para dormir no tienen por qué dominar una habitación. Aquí los muebles son muy adecuados para un estudio o una segunda sala de recepción, pudiendo convertirse en un dormitorio de invitados.

◁ **El reposo del viajero**
Una colorida bienvenida espera a los invitados que lleguen a esta casa, que olvidarán la sensación de estar de paso si tienen sitio para las maletas y las bolsas. Éstas pueden colocarse debajo de una cama de armazón alto.

▽ **La bendición del lavabo**
Un lavabo en el cuarto de invitados puede ser una bendición, ya que facilitará las horas de afluencia al cuarto de baño al resto de la familia. Un biombo o un tabique lo mantendrá oculto, pudiendo utilizarse la habitación para otros fines.

UNA ADECUADA BIENVENIDA

Son los pequeños detalles más que los grandes lujos lo que hará feliz la estancia a tus invitados. Aparte de los elementos básicos —una cama confortable con mantas, luz en la mesilla de noche, un lugar para guardar sus prendas de vestir-, un buen anfitrión preparará algunos de los siguientes detalles de hospitalidad:

☐ servicio de bebidas: una pequeña tetera de viaje y bolsas de té, café, azúcar, chocolate caliente, bolsitas de leche descremada, agua fresca y leche;

☐ agua mineral y vasos;

☐ un analgésico soluble;

☐ un pequeño estuche de costura y tijeras;

☐ pañuelos de papel;

☐ un reloj;

☐ toalla y jabón, gorro de ducha de plástico, bolsitas de champú, espuma de baño, cepillo de dientes y pasta de dientes;

☐ una caja de galletas;

☐ algunas revistas de interés general y libros en rústica; cuentos, comics, crucigramas;

☐ una carpeta con papel de escribir, sobres, bolígrafo;

☐ bolsa de agua caliente o manta eléctrica;

☐ radio o televisor.

Encontrar sitio para los padres

un sistema de intercomunicación o un botón de alarma, en caso de emergencia. Una buena idea es un teléfono independiente; los sistemas con señales visuales son una buena ayuda para los duros de oído. Si las escaleras son inevitables, procura que haya una buena iluminación y coloca barandillas resistentes.

Finalmente, no olvides los pequeños detalles que harán felices a tus progenitores: procura que la habitación tenga buenas vistas, incluye macetas y tal vez incluso una jardinera para que se entretengan cuidando las plantas.

Tal vez llegue un momento que, por tranquilidad, decidas llevarte a casa a tu padre o a tu madre ancianos a vivir con tu familia. Todo serán bendiciones, pero también surgirán problemas. Introducirse de repente en el bullicio de la vida familiar supondrá una importante adaptación para una persona mayor, y la familia tendrá que enfrentarse asimismo a cambios de rutina y nuevas disposiciones.

Un punto importante es que las personas mayores se mantengan activas y participen en las tareas diarias por sí mismas, lo cual te facilitará la labor, pero debes poner a su alcance los medios para que lleven una vida independiente. Aunque una persona mayor esté en forma, las escaleras pueden ser un problema en el futuro: la solución ideal sería la transformación de un estudio o un comedor en la primera planta. En caso de que no haya cuarto de baño, considera al menos la instalación de un retrete y un lavabo.

Si la adaptación de una habitación supone un problema para el resto de la casa y no es posible solucionarlo —tal vez haciendo que dos niños compartan un dormitorio o adaptando una sala de estar-, tendrás que pensar en cambios estructurales de mayor envergadura. ¿Podrías transformar la buhardilla o el sótano en habitaciones adicionales para la familia? ¿Podrías crear un anexo independiente en el garaje?

Una vez resueltas estas dificultades, considera el importante aspecto de la seguridad. Cabe la posibilidad de conectar

Un agradable confort

En este precioso conjunto, las puertas plegables de tablillas ocultan prendas de vestir y otras pertenencias, pudiendo asimismo contener una zona de cocina. Atención al detalle que facilitará la vida de una persona mayor: una serie de luces bien situadas iluminan diversos puntos clave, en las mesas todo está al alcance y en el taburete pueden reposar las piernas cansadas o sentarse los nietos cuando vienen a charlar con el abuelo o la abuela. La preciosa tela de chintz y las plantas hacen de esta habitación un verdadero hogar.

APROVISIONAMIENTO AUTOSUFICIENTE

Aunque el abuelo o la abuela participen en las comidas familiares, es conveniente que tengan una serie de provisiones básicas para prepararse bebidas calientes y piscolabis. En una pequeña zona de la cocina puedes instalar una cocina pequeña o un microondas para calentar comidas o recalentar platos del frigorífico.

Si una persona mayor en plenas facultades físicas desea mayor independencia, la zona puede ampliarse —si el espacio lo permite— para colocar una minicocina completa, cuya instalación será más económica si la realizas tú mismo.

Lo ideal sería una pequeña habitación independiente para las comidas y bebidas, pero si el equipo tiene que estar en la zona común, busca un lugar donde no estorbe, tal vez un nicho o en fila en una pared. Las pertenencias deben ser accesibles, sin estar muy altas ni muy bajas, posiblemente en cajones. Comprueba que todo tenga la máxima estabilidad, sin que haya bordes cortantes que sobresalgan.

Para dedos frágiles son más sencillos los controles que funcionan con un simple toque o interruptores oscilantes, o los grifos con palanca. Si la cocina es de gas, una buena medida es un dispositivo de seguridad en caso de apagarse un quemador: el suministro de gas queda interrumpido si la llama se apaga o no se enciende por cualquier razón.

△ *Un tranquilo retiro*
Lejos del bullicio de la vida familiar, una agradable habitación para relajarse tranquilamente en un antiguo y querido sillón, con una pequeña cocina adaptada. Junto a la chimenea hay sitio para fotografías y recuerdos.

▽ *Aprovisionamiento compacto*
Una cocina preparada que contiene todo lo necesario para un aprovisionamiento autosuficiente. Una vez utilizada, la cocina queda oculta tras dos puertas de madera y combina con la decoración de la sala.

▽ Habitación para relajarse
Esta cama se ha colocado de manera que
su acceso resulte fácil y no domine la
habitación, que sigue siendo básicamente
una sala de estar. Se cubre con una funda
por la mañana y la cama se utiliza a modo
de asiento para los amigos o para echar
una siesta.

△ Comodidades del hogar
En esta disposición alternativa encontramos un
sillón ortopédico y una mesa junto a la
ventana, para que no falte luz y haya una
buena vista. Las persianas han sido sustituidas
por una red más tradicional que conserva la
intimidad y unas gruesas cortinas mantienen
cómoda la habitación.

BIEN SENTADO
Más que un lugar exclusivamente para dormir, la habitación de una persona mayor
debe estar destinada a actividades normales, como leer, ver la televisión, y recibir
amigos.

Para guardar la ropa y otras pertenencias
es más adecuado un armario empotrado
que independiente. La cama no debe dominar —tal vez un diván con una funda durante el día— y hay que colocarla de forma que
resulte fácil hacerla. Los sofás-cama ahorran
espacio, pero hay que extender las sábanas
todas las noches y a la hora de abrirlos se
requiere una potencia muscular excesiva
para una persona mayor.

El asiento no debe ser demasiado blando
ni estar demasiado alto. Busca sillas especialmente diseñadas para los mayores, o pon
un sillón de orejas con reposapiés.

La iluminación general ha de ser buena y
la luz debe concentrarse en los lugares de
trabajo. Los apliques en la pared junto a la
cama evitarán el peligro de confusión en la
oscuridad.

El calor es vital. La habitación debe estar
conectada al sistema de calefacción central. Coloca un tablero adicional sobre el
radiador para mayor seguridad. Las chime-
neas o el calor radiante pueden suponer
un verdadero peligro; si no hay más reme-
dio que utilizarlos, coloca objetos que puedan ser necesarios en la repisa de la chimenea.

△ **Cuarto de baño compacto**
*Si hay espacio suficiente, una persona
mayor se relajará con un baño caliente en
la comodidad de un servicio compacto.
Observa las asas colocadas a los lados de la
bañera para facilitar la entrada y salida de
la misma, así como la base antideslizante.
Los artículos de tocador se encuentran a
mano en las estanterías que vemos sobre el
lavabo.*

▽ **Comodidad privada**
*Las barras de sujeción colocadas en torno a
este inodoro ofrecen seguridad a una persona
mayor a la hora de hacer sus necesidades, con
un mínimo de ayuda.*

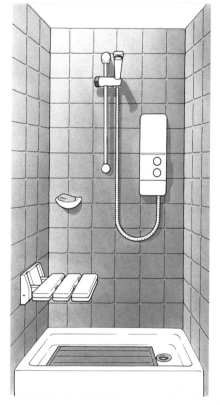

△ **A gusto**
*Este asiento, fácil de limpiar, puede
plegarse para tomar una ducha cómoda y
segura. La altura de la ducha puede
ajustarse en la barra. Para ducharse de pie
no hay más que plegar el asiento. Por
supuesto, es fundamental una alfombrilla
antideslizante.*

UNA CUESTIÓN PERSONAL

Una persona mayor necesita acceder con
facilidad al cuarto de baño y tener una adecuada iluminación en el mismo. La seguridad
debe ser un punto prioritario, ya sea en un
servicio adaptado o en uno nuevo.

Asegúrate de poder entrar en el cuarto
de baño en caso de que se produzca un
accidente; pon una cerradura con dispositivo de seguridad de emergencia, o coloca un
letrero en el que se indique si el servicio
está ocupado, sin necesidad de poner un
cerrojo.

El suelo ha de ser antideslizante, especialmente en las zonas donde caiga agua.
Una moqueta especial para cuartos de baño
es cálida y confortable, eliminando la necesidad de alfombrillas que, al arrugarse, pueden
ser peligrosas.

Debe haber múltiples barras de sujeción
situadas en puntos estratégicos, por ejemplo, en torno al inodoro o en los laterales
de la bañera. Si el espacio es limitado, hay
baños especiales, y es preciso colocar
alfombrillas antideslizante tanto en la ducha
como en la bañera.

Si vas a instalar una ducha, la seguridad
es también un elemento prioritario: añade
un asiento plegable en la ducha o, fuera del
plato, un lugar para que el usuario pueda
sentarse y vestirse. Al igual que en la cocina, una persona que padezca artritis con-
trolará mejor el agua con un grifo con
palanca.

Si el nuevo residente va a compartir el
baño familiar, deberás instalar elementos de
seguridad adaptados a las necesidades de las
personas mayores. El acceso al baño tendrá
que estar iluminado por la noche, y el resto
de la familia debe prestar atención para
dejar el baño totalmente seguro.

LA IDEA LUMINOSA

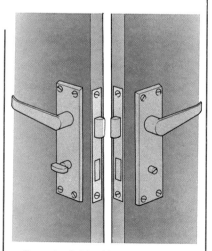

Cerrojo doble. Una persona
mayor tiene que utilizar el cuarto de
baño en intimidad, pero la ayuda
deberá ser inmediata en caso de
producirse un accidente. Este
ingenioso cerrojo lleva un dispositivo
de seguridad mediante el cual la
puerta puede abrirse desde el
exterior.

Camas: colchones y bases

En este capítulo examinaremos las partes esenciales de una cama: el colchón y la base, así como los distintos tipos de camas existentes. La base puede formar parte de la estructura de la cama, como la base de muelles en una cama de bronce, o de lamas de madera en una cama de madera. En la actualidad, la base y el colchón normalmente forman un conjunto.

Procura comprar el colchón con la base. Si deseas un colchón nuevo para una cama de bronce o de madera, busca asesoramiento.

INTERIOR DE LOS COLCHONES

Es importante conocer el contenido del interior de los colchones, dado que es lo que determina su calidad y su comodidad. La mayoría de colchones existentes en la actualidad se dividen en dos grupos básicos: colchones de muelle y colchones de espuma.

Espuma. Casi todos los colchones de espuma son una combinación de espuma de látex, goma natural y una espuma sintética relativamente blanda que tiende a ser mucho más firme. El colchón también puede estar fabricado con uno de los dos elementos.

Muelles. Existen muchos tipos distintos. La firmeza del colchón depende principalmente del número de muelles y del grosor del alambre utilizado en los mismos. En la etiqueta del colchón vendrá especificada la cantidad (500 en los económicos de matrimonio y más de 1.000 en los de calidad).

ESPUMA

Estilo. El tipo de colchón de espuma más económico consiste en una plancha de espuma introducida en una funda de colchón. Cuanto mayor sea la firmeza de la espuma, más posibilidades existen de que sea sintética, y cuanto más blanda, más posibilidades existen de que sea espuma de látex.

Uso. No elijas este tipo de colchón si pretendes dormir todas las noches sobre el mismo, ya que sólo sirve a modo de cama ocasional.

Punto a considerar. El grosor de la espuma debe ser de 10 cm como mínimo, si quereis comodidad.

ESPUMA MEZCLADA

Estilo. Este colchón está compuesto por un mínimo de dos capas de espuma: una firme en la parte inferior (probablemente sintética, como poliuretano o espuma de poliéster) y otra blanda en la parte superior (espuma de látex, por ejemplo). En esta combinación

hay firmeza y apoyo, así como una superficie que se adapta a los contornos del cuerpo. Algunos fabricantes moldean la espuma en forma de panal confiriéndole diversos grados de firmeza y blandura.

Uso. La espuma no produce alergias dado que no acumula polvo. Asimismo es ligera y fácil de levantar.

Punto a considerar. La mayoría de los colchones se asientan en una estructura de madera hundida. Asegúrate de que el colchón sobresalga por los laterales de madera pues puedes acabar en ellos.

ESPUMA CON MUELLES

Estilo. Este tipo de colchón se compone de un sólido bloque de espuma en el que se han practicado orificios para introducir muelles abiertos.

Uso. Posee la «elasticidad» de un colchón de muelles (consulta abajo), pero es mucho más económico.

Punto a considerar. Asegúrate de que haya mucho relleno en la espuma así los muelles no la atravesarán.

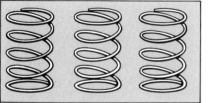

△ MUELLES ABIERTOS

Estilo. La mayoría de los colchones más económicos son de muelles abiertos; constan de muelles en espiral, verticales, abiertos y sencillos, unidos en la parte superior e inferior por una estructura de cables engranados en el colchón.

Uso. Los muelles se desplazan como un bloque. Acto seguido pueden tapizarse con pelo o con capas de relleno.

△ MUELLES CONTINUOS

Estilo. Se trata de un cable continuo «entramado» que produce el efecto de una telaraña y se sujeta mediante la estructura de alambres internos del colchón.

Uso. El movimiento y el desgaste de este colchón es muy similar al de muelles abiertos.

Punto a considerar. Prueba ambos tipos de colchón para saber cuál es el más adecuado en tu caso.

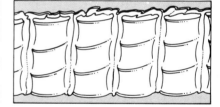

△ MUELLES EN BOLSAS

Estilo. Este colchón, en el que cada muelle está cosido a mano y tensado en su propia bolsa, es el más caro.

Uso. Cada uno de los muelles lleva a cabo su propia función (independientemente de los demás) en cuanto al apoyo del cuerpo.

Punto a considerar. Cuanto mayor sea el número de muelles, mejor será el colchón.

TAPICERÍA

No compres nunca un colchón tal cual. Una funda bonita queda oculta bajo la ropa de cama.

Funda del colchón. La funda del colchón puede ser de fibras naturales —como algodón— o sintéticas —como rayón—. Se dice que con las naturales, el colchón «respira» mejor que con las sintéticas. Éstas últimas presentan una superficie suave y deslizante sobre la que se deslizan las sábanas.

Relleno. Bajo la funda se encuentran las capas de relleno, compuestas de fieltro, fibra de coco o incluso lana, lo que confiere calor y comodidad.

Costura. Las costuras de la parte superior, que forman un bonito dibujo, en realidad sujetan la funda del colchón al relleno.

Acolchado. El acabado de un colchón puede ser con botones o con lo que se asemeja a unas arandelas de algodón o fieltro. Está hecho a mano y se encuentra en colchones de calidad, dando la sensación de hoyuelos. Se colocan cintas en el colchón que se sujetan mediante arandelas o botones.

La **parte superior** lisa es característica de colchones muy baratos y consiste simplemente en colocar la funda sobre el colchón.

la funda está cosida o acolchada

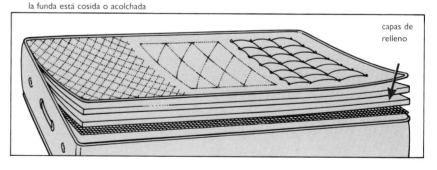

capas de relleno

MEDIDAS DE LA CAMA	Métrica
Individual pequeña	90 × 190 cm
Individual de serie	100 × 200 cm
De matrimonio pequeña	135 × 190 cm
De matrimonio de serie	150 × 200 cm

Éstas son las únicas medidas de camas de serie británicas. En caso de ser mayores corresponden a tamaños especiales, no de serie, y varían de uno a otro fabricante.

BASES DE CAMAS

Tradicionalmente la base estaba incorporada al armazón o marco de la cama, pero en la actualidad la cama más popular consiste en un colchón y una base independiente.

Bases tipo diván. En general, la base tiene la misma forma y aproximadamente el mismo tamaño que el colchón, y se pueden vender juntos en bloque, normalmente cubiertos con la misma tela, pero los sistemas de fabricación tanto de la base como del colchón (consulta abajo) son totalmente distintos.

Otras bases, como las de metal y de lamas de madera, forman parte integrante del armazón (o marco) de la cama.

El cabecero, el pie y el armazón forman un conjunto.

El tipo de cama elegido ofrece automáticamente un determinado tipo de armazón. A una cama con armazón de madera corresponde normalmente un cabecero y un pie de madera, y una base de lamas con armazón metálico tiene el cabecero y el pie de metal, y una base de muelles abiertos o tela metálica plana (consulta abajo).

BASE DE DIVANES

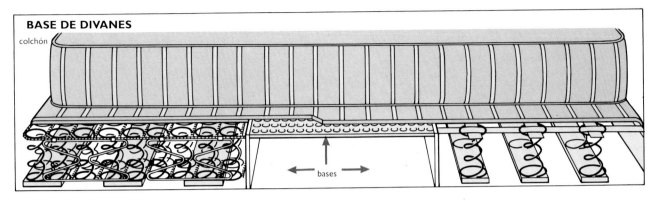

colchón

bases

△ BASE DE MUELLES HASTA LOS BORDES

Estilo. El colchón se coloca en la base de madera. Ofrece una plataforma de muelles hasta los bordes.

Uso. La base más cara y lujosa. El colchón queda apoyado por igual en toda la superficie.

Punto a considerar. Es 10 cm más profunda que las restantes. Si nos sentamos mucho en el borde de la cama los muelles sufrirán las consecuencias no es recomendado para un adolescente.

△ BASE MACIZA

Estilo. Consiste en una plataforma de madera. Algunas llevan espuma o fibra para conferirles una comodidad adicional.

Uso. Es una base muy firme y el colchón deberá soportar los efectos de la dureza.

Punto a considerar. En este tipo de base (como puede verse en la ilustración) deberán practicarse orificios de ventilación pues, de lo contrario, el colchón no podrá respirar.

△ BASE DE BORDES FIRMES

Estilo. No es una base tan profunda como la de muelles hasta los bordes. Los muelles no se mueven porque están sujetos a unas cintas, todo en un armazón de madera, razón por la cual se denomina de bordes firmes.

Uso. Debido a la firmeza de los bordes, el centro finalmente «cederá» y se hundirá.

Punto a considerar. Si no tienes espacio, decántate por las bases de bordes firmes con zonas de almacenamiento incorporadas.

OTRAS BASES
▷ BASE DE LAMAS DE MADERA

Estilo. Esta base consiste en tablas planas de madera sujetas a los lados en tablones de soporte. Las lamas pueden estar atornilladas individualmente o grapadas en las cinchas que se tienden sobre los tablones de soporte. Existen distintos anchos de lamas y distintas distancias entre las mismas.

Uso. La mayoría de los armazones de madera y de las camas infantiles llevan esta base.

Punto a considerar. Un colchón inadecuado se hundirá entre las lamas.

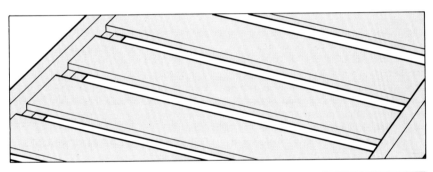

▷ BASE DE MUELLES HORIZONTAL

Estilo. Es una base de metal más lujosa que la simple tela metálica horizontal que encontramos, por ejemplo, en las camas de bronce más antiguas. Una base de muelles horizontal consta de una capa gruesa de tela metálica con muelles abiertos. Ocupa la zona entre el cabecero y el pie de metal y las barras laterales.

Uso. Es más firme que el diván tradicional y más resistente que la base maciza o de lamas.

Punto a considerar. Este tipo de cama puede venderse sin colchón. Busca asesoramiento si te decides por ella.

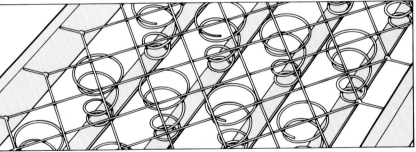

▷ BASE AJUSTABLE

Estilo. Existen en el mercado algunas bases ajustables.

Uso. Ambos extremos de la cama pueden levantarse. Elevando la parte inferior, puedes estar tumbado con los pies en alto, y al subir la parte superior, puedes sentarte y entrar o salir de la cama más a gusto.

▷ BASE DE LAMAS DE MADERA AJUSTABLE

Estilo. Las lamas de madera están situadas sobre un armazón que forma la base de la cama.

Uso. Ambos extremos de la cama son ajustables a mano o mediante un sistema mecánico (opcional).

Punto a considerar. Esta base puede ser individual o de matrimonio. La última está formada por dos bases ajustables independientes.

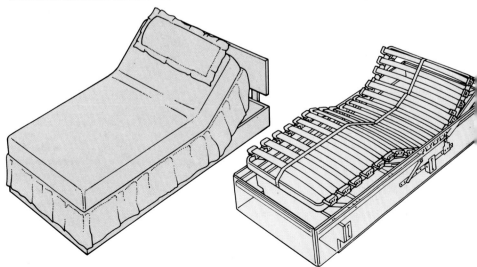

La elección de la ropa de cama

Dada la enorme cantidad de ropa de cama existente en las tiendas, es normal hacerse un lío. Los colores y formas son tan variados y los precios tan variables que más te vale saber de antemano lo que deseas comprar.

En la primera parte de este capítulo examinaremos los edredones nórdicos y las almohadas, y explicaremos los rellenos y los tipos de fabricación entre los que puedes elegir. En la segunda parte, en la página siguiente, veremos una selección de ropa de cama: sábanas, fundas de almohadas, doseleras y fundas nórdicas.

RELLENOS DE UN EDREDÓN NÓRDICO

Los rellenos pueden ser naturales o sintéticos.

Los rellenos naturales existentes son: plumón, plumón y pluma, pluma y plumón o, con menor frecuencia, lana. De conformidad con la norma británica 5335, en la mezcla de plumón y pluma debe haber un 51% de plumón como mínimo, siendo dicho porcentaje de un 15% como mínimo en la mezcla de pluma y plumón.

El plumón (plumas suaves) suele ser de pato, aunque el de mejor calidad es el de ganso y, especialmente, el de eider, de extrema ligereza y calidez. Los edredones totalmente de plumón son más costosos que los de otros rellenos naturales y que los sintéticos, comparables con los de mezclas de plumón y pluma.

Los rellenos sintéticos son de fibras finas de poliéster, las mejores de las cuales se asemejan a tubos huecos. Dichas fibras huecas son ligeras y poseen buenas cualidades de aislamiento. La mayor parte de los rellenos sintéticos de calidad se tratan con silicona para que se produzca un desplazamiento libre de las fibras, creando una sensación de mayor suavidad y «blandura».

La blandura es el grosor en relación con el peso, dicho de otra manera, la esponjosidad. Ésta es una característica muy adecuada en los edredones nórdicos puesto que, cuanto mayor sea la cantidad de aire que contenga el relleno, mejor será su capacidad de aislamiento, de ahí la superioridad del eider sobre el ganso y el pato común, dada su superior esponjosidad y la mayor cantidad de aire que atrapa.

Calor. Los edredones nórdicos de doble cubierta se unen en invierno y se utilizan como unidades individuales en verano. Dos

EDREDONES NÓRDICOS

Los edredones nórdicos, también denominados colchas continentales, son muy populares por su luminosidad, su calidez y su comodidad.

Calidez. El calor corporal que desprende de forma natural una persona dormida queda atrapado entre las suaves capas del relleno interior. El calor que conserva un edredón se clasifica en togs; 2,5 togs equivalen aproximadamente al calor de una manta de lana de serie; 13,5 togs equivale al calor de cinco mantas (consulta el cuadro).

La calidad y el precio se basan en el edredones juntos no dan siempre el resultado que indica la suma de sus correspondientes togs, y pesan más, por lo cual será preferible comprar edredones individuales para invierno y verano. En las noches calurosas, ajusta la temperatura de los rellenos naturales agitándolos hasta la parte inferior de la funda.

Lavado. Los edredones con relleno natural deben llevarse al tinte. Los edredones con relleno sintético pueden lavarse a máquina.

RELLENOS DE LAS ALMOHADAS

Las almohadas, al igual que los edredones, pueden rellenarse de plumón, plumas (una combinación de los dos), fibras de poliéster y espuma (pese a que éste último no es tan común como los anteriores).

Rellenos naturales. El plumón es el relleno más apreciado, seguido de una mezcla de plumón y pluma. La pluma y el plumón serán más firmes. El relleno más barato son las plumas rizadas de aves de corral, pero normalmente acaban perdiendo el rizo y la capacidad de recuperar su forma.

Espuma. La espuma de látex natural es más elástica que la sintética. Procura que no haya trocitos pequeños de espuma porque se apelmazan.

Sintético. Las fibras huecas sintéticas son más elásticas que la espuma, pero no tan cómodas. Sin embargo, un reciente invento consiste en un relleno esponjoso de poliéster, similar al plumón, compuesto de diminutas bolitas de fibra, muy aceptable y cómodo.

Tamaños. Salvo que las almohadas sean de «tamaño especial», éste será de serie (48 x 74 cm ó 46 x 68 cm) (no olvides que en muchos países europeos las almohadas son grandes y cuadradas, de distintos tamaños). Elige una blandura media o un relleno firme, de acuerdo con tus preferencias.

relleno de un edredón nórdico y la tela que lo recubre, los cuales deben transmitir (absorber y evaporar) el vapor de la humedad, ya que una persona pierde aproximadamente medio litro de humedad por término medio todas las noches.

Tamaño. A la hora de elegir edredones nórdicos, cómpralos uno por uno, pero mide la cama en caso de que su tamaño no sea de serie. Un edredón nórdico debe ser como mínimo 46 cm más ancho que la cama (consulta la tabla de la página siguiente). Tratándose de una cama de matrimonio, decídete por un edredón doble o dos sencillos, uno para cada persona.

ÍNDICE DE TOGS

TOGS	4,5 6 7,5	9 10,5	12 13,5
ÍNDICES CALORÍFICOS	Para utilizar en verano	Calor	Calor extra

En todos los edredones nórdicos a la venta debe aparecer su índice calorífico en togs, pudiendo así conocer el nivel de calor que producen. Cuanto mayor sea dicho índice, mejor es su calidad de aislamiento, que es lo que conserva el calor. Los índices de togs conforman la norma británica 5335.

CANALES

Además de estar cosido en una gran funda, el relleno del edredón presenta también canales en sentido longitudinal, manteniéndose fijo. Así no se deforma y se evita la formación de zonas frías. Algunos rellenos naturales se introducen en una funda donde se desplazan libremente, lo cual da lugar a una distribución desigual y a la formación de zonas frías. Se han desarrollado muchas técnicas distintas de canales.

Canales cosidos. En la mayor parte de los rellenos naturales, los canales están cosidos. Al coser la parte superior e inferior, pueden producirse zonas frías ya que el aislamiento es mínimo.

Barreras. Entre los canales se cosen barreras de tela para eliminar las zonas frías.

Puntos escalonados. En este caso los canales se cosen escalonados para eliminar las zonas frías.

Superpuestos. Los canales superpuestos dan lugar a un mayor grosor, quedando eliminadas las zonas frías.

En trapecio. Las barreras de tela se colocan en ángulo para que el relleno sea más uniforme.

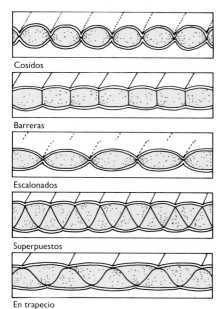

Cosidos

Barreras

Escalonados

Superpuestos

En trapecio

TAMAÑO DE LA CAMA	TAMAÑO DE LA SABANA	TAMAÑO DEL EDREDON Y DE LA FUNDA
Individual pequeña 90 x 190 cm	180 x 260 cm	140 x 200 cm
Individual de serie 100 x 200 cm	180 x 260 cm	140 x 200 cm
De matrimonio pequeña 135 x 190 cm	230 x 260 cm	Dos individuales o: 200 x 200 cm
De matrimonio de serie 150 x 200 cm	230 x 275 cm ó 255 x 260 cm	Dos individuales o: 230 x 250 cm
Tamaño reina 165 x 200 cm	275 x 275 cm	Dos individuales o: 230 x 250 cm
Tamaño rey 183 x 200 cm	305 x 320 cm	Dos individuales o: 250 x 300 cm

Los tamaños presentan ligeras variaciones de uno a otro fabricante.

TELA DE LA ROPA DE CAMA

Antiguamente, la ropa de cama era de hilo. En la actualidad, las sábanas, las fundas de las almohadas, las fundas de los edredones y las doseleras presentan muchas telas y acabados.

El hilo es frío y fuerte, resistente al desgaste, normalmente de color blanco y muy caro.

El algodón es absorbente, suave y confortable, pero no tan resistente al desgaste como el hilo. El llamado algodón suizo no es suizo, sino un algodón bordado. El algodón egipcio es algodón fabricado con fibras largas y finas, siendo superior al algodón común, así como más costoso. Lo que se denomina algodón de percal hace referencia al hilo —180 hilos finos por centímetro cuadrado—, dando lugar a un delicado algodón.

Una tela cepillada, como la franela de algodón, presenta una superficie suave y fibrosa, es cálida al tacto, y a veces se utiliza en sábanas de invierno.

Las mezclas de poliéster y algodón combinan el poliéster sintético con una proporción de algodón (normalmente una mezcla de 50:50). No se arrugan, son resistentes al desgaste y fáciles de lavar, aunque no tan suaves como el algodón.

La ropa de cama de nailon —lisa o cepillada— es probablemente la menos agradable. El nailon puro no absorbe la humedad y pronto te sentirás pegajoso, pero es fácil de lavar y secar.

Acabados. Con un acabado de algodón que no requiera excesivas atenciones (un cuidado mínimo, un mínimo de plancha) es más fácil que no se arrugue. Con un tratamiento adecuado, las fibras son resistentes a las manchas.

SÁBANAS

Existen tres tipos básicos de sábanas:

Sueltas que, como su nombre indica, están rematadas por los bordes y pueden utilizarse como sábana superior o bajera.

Totalmente ajustadas, que se utilizan como bajeras. Las esquinas llevan elásticos para ajustarse al colchón.

Semiajustadas, que se ajustan por la parte inferior de la cama, pero quedan sueltas por la parte superior. Si lo deseas pueden utilizarse también como sábanas superiores.

Las sábanas pueden comprarse independientemente o en juegos; normalmente llevan las fundas de la almohada o del edredón a juego. Pueden ser de matrimonio, individuales, etc., pero debes comprobar siempre los tamaños, procurando que quede un generoso pliegue para remeter las sábanas sueltas. (Una regla empírica es el ancho de la cama más el largo de los dos lados hasta el suelo, consulta la tabla).

FUNDAS DE EDREDONES

La funda básica es un recubrimiento o una bolsa. Presentan múltiples estampados o llevan pliegues, recortes o ribetes. Algunas están acolchadas y se utilizarán en las noches estivales más calurosas. Las fundas tienen una abertura en el extremo (o en el lateral) por la que se introduce el edredón, y se enganchan con corchetes, lazos o cinta Velcro. La abertura del edredón individual puede ser de tipo sobre.

DOSELERAS

Una doselera es una falda (con volantes o plisada, lisa), con la que se cubre la base de una cama diván, u otros tipos de cama, como las de madera con lamas o de metal, pero es necesario ajustarla por los pies.

La doselera bajo el colchón se coloca debajo del colchón. Es más difícil de ajustar que la doselera sobre el colchón, pero necesita menos lavado. Con ésta pueden utilizarse sábanas superiores y bajeras de bordes sueltos y ajustados.

La doselera sobre el colchón es una sábana que lleva incorporada una falda con volantes y cubre la base de la cama y el colchón. El único inconveniente que presenta este accesorio es que no permite remeter las sábanas.

FUNDAS DE ALMOHADA

Las fundas de almohada son normalmente de serie, con una abertura para introducir la almohada. A veces combinan con la funda del edredón o las sábanas, pero también pueden ser lisas, con cintas o bordadas.

Tipos. Las fundas corrientes presentan los bordes lisos. Las denominadas «Oxford» están bordadas. Algunas tienen volantes y las conocidas como falsas son fundas de cojín para una almohada.

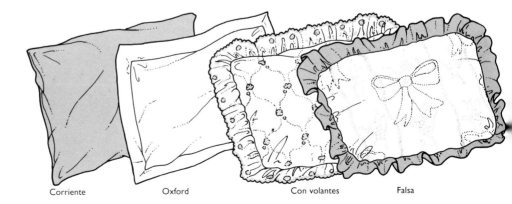

Corriente   Oxford   Con volantes   Falsa